빠삭하게 아는, 나도 박사
바다와 해양 생물

초판 인쇄일 2025년 10월 17일   초판 발행일 2025년 10월 27일

지은이 김유나   발행인 김영숙   신고번호 제2022-000078호
발행처 북장단   주소 (10881) 경기도 파주시 회동길 445-4(문발동 638) 408호
전화 031)955-9221~5   팩스 031)955-9220
인스타그램 @ddbeatbooks   메일 ddbeatbooks@gmail.com

기획·진행 김태호, 박혜지   삽화 함수경   디자인 김보리   영업마케팅 김준범, 서지영
ISBN 979-11-993168-1-2   정가 14,000원

Copyright©2025 by Yuna Kim(김유나) All rights reserved.
No Part of this book may be reproduced or transmitted in any form,
by any means without the prior written permission of the publisher.

* 북장단은 도서출판 혜지원의 임프린트입니다. 북장단은 소중한 원고의 투고를 항상 기다리고 있습니다.

이 책은 저작권법에 의해 보호를 받는 저작물이므로 어떠한 형태의 무단 전재나 복제도 금합니다.
본문 중에 인용한 제품명은 각 개발사의 등록상표이며, 특허법과 저작권법 등에 의해 보호를 받고 있습니다.

			사용상 주의사항
1. 제조자	북장단		• 종이에 긁히거나 손이 베이지 않도록 주의하세요.
2. 주소	경기도 파주시 회동길 445-4 408호		• 제품을 입에 넣거나 빨지 않도록 주의하세요.
3. 전화번호	031-955-9224		• KC마크는 이 제품이 공통안전기준에 적합하였음을
4. 제조년월	2025년 10월 17일		의미합니다.
5. 제조국	대한민국		
6. 사용연령	8세 이상		

빠삭하게 아는, 나도 박사

바다와 해양 생물

김유나 글 | 함수경 그림

북장단

머리말

　제가 어렸을 때 책이나 대중매체를 보면서 언젠가 이런 생물들을 직접 만나볼 수 있으면 좋겠다고 생각했는데, 어느새 저도 이렇게 커서 박사가 되어 생물다양성 보전을 위한 일을 하고 있습니다.

　책에 나온 대부분의 생물들은 제가 직접 눈으로 보고 체험한 것들이며, 여러 해양 생물들이 직면한 문제를 해결하기 위해 일한 경험을 바탕으로 썼습니다. 참다랑어인 투니 캐릭터는 국제연합식량농업기구(UN FAO)에서 다랑어 어업의 혼획을 줄이고 생물 다양성을 높이기 위한 프로그램의 프로젝트 코디네이터로 일한 경험에서 아이디어를 얻었습니다. 이 책을 읽을 친구들과 비슷한 나이의 초등학생 시언이라는 캐릭터를 만들어, 한국의 동해에서 시작하여 적도를 지나 오스트레일리아의 산호해와 태즈만해를 지나 남극해까지 여행하며 만나는 생물들을 소개하고, 그들이 직면한 환경 문제들을 다루며, 환경에 대한 메시지를 전달하려고 하였습니다.

　단순히 생물들의 개별적인 특징을 설명하기 보다는 이 생물이 속한 생태계를 설명하고, 다른 생물들과의 관계와 각 생물들의 생태학적 중요성을 알려 주려 했습니다. 형용할 수 없이 화려한 빛깔을 뽐내는 산호초를 배경으로 살아가는 생물부터, 빛이 없는 어둠 속에서 살아가는 심해 생물까지 설명하며, 이런 미지의 세계를 탐험할 수 있도록 해 준 과학적 배경도 알려 주고 싶었습니다.

　이 책에 등장하는 생물들은 우리나라에서 볼 수 있는 생물도 있지만, 우리나라에서는 볼 수 없는 다소 생소한 종들도 소개합니다. 등장하는 생물의 분류는 계급의 주요 8개 순위인 종→속→과→목→강→문→계를 따랐으나, 간혹 한국에서의 분류 체계가 완전히 확립되지 않은 경우나 아목/아과로 초등학생이 이해하기에 다소 어렵게

세분화된 경우 "류"라 표현하였고, 한국에서의 종명이 확정되지 않은 경우, 영문(학명)을 함께 제시하여 혼란을 피하고자 하였습니다.

　전 세계적으로 등록된 해양 생물종의 갯수만 24만 종이 넘고, 우리나라에 서식하는 해양 생물만 만 종 가까이 되는데, 이런 다양한 생물을 소개하기에 사실 한 권의 책만으로는 부족합니다. 해양에 서식하는 생물 중 더 큰 비중을 차지하는 것은 무척추동물이지만, 이 책은 척추동물을 위주로 소개하여 초등학생 어린들의 해양 생물에 대한 관심을 높이고자 하였습니다. 기회가 된다면 해양 생물 무척추동물편도 출판이 되어 우리나라 어린이들에게 다양한 해양 생물을 소개할 수 있으면 좋겠습니다.

　먹는 참치에게 익숙한 한국 어린이들에게 참치 중 하나인 참다랑어 투니는 단순히 먹는 식량 자원이 아니라 미지의 세계를 설명하는 선생님이자 좋은 친구이며, 보호가 필요한 종으로 인식되길 바랍니다. 또한 바다를 식량 자원만 있는 곳이 아니라 방대한 생물이 사는 생명의 보고이자, 지구 생명에 있어 필수적인 공간으로서의 바다로 인식하기를 바라는 마음으로 이 책을 썼습니다.

　여러분들이 이 책을 읽고 자라 어른이 될 때쯤이면 더 많은 기술이 발달하여, 저보다 더 쉽게 해양 생물을 만나 볼 수 있을 겁니다. 미래에는 멸종 위기의 생물들이 위협에서 벗어나 더 많아지고, 그동안 발견되지 않았던 생물들이 새롭게 발견되어 더 다양한 종들을 만나볼 수 있기를 희망합니다.

2025년 호주 맨리비치에서
김유나

차례

머리말   4

등장인물   11

바다 여행 시작

**수면은 고요하지만
안에서는 끊임없는 움직임이 있어요!**

1. 안전한 바다 여행을 위해 꼭 확인해야 할 바다 날씨   14
2. 바닷물의 길, 해류와 한반도의 바다   19
3. 초록빛에서 푸른빛으로, 햇빛을 머금은 바다의 비밀   25

바닷속으로 풍덩!

멋진 바다 생물들과의 만남

1. 어류는 주위 온도에 따라 체온을 변화시키는 변온 동물   32
2. 영화 〈죠스〉의 주인공, 날카로운 이빨의 상어   39
3. 크기에 압도되는 거대한 바다 생물, 고래상어와 만타가오리   47
4. 바닷속 비밀 무기, 문어와 꼬깔해파리   53

바다를 터전으로 살아가는 다른 생물들 1

1. 귀여운 얼굴에 무서운 독을 숨기고 있는 바다뱀   62
2. 장수하는 바다거북의 삶을 위협하는 환경 변화   69
3. 바다, 육지, 하늘을 오고 가는 바닷새   78

바다를 터전으로 살아가는 다른 생물들 2

1. 추운 극지에서 따뜻한 바다로, 새끼를 키우기 위한 혹등고래의 긴 여정   92
2. 펭귄의 날개는 나는 용도가 아니라 헤엄치는 용도!   100
3. 바닷속의 무법자, 표범물범과 범고래   110

5장
깊은 어둠의 바다, 심해에는 생명의 기원이 있다

1. 쇄빙선과 심해정을 만나는 행운! — 118
2. 신기한 심해 생물을 만나 봐요 — 123
3. 생명의 기원지, 바다 — 131

6장
지구의 미래를 위해 바다를 연구하고 보전해요!

1. 날마다 발전하는 바다 탐험 기술 — 140
2. 바다의 기원과 바다의 현재 — 145
3. 지구를 정화시킬 수 있는 바다의 미래 가치 — 149

등장 인물

오시언

호기심이 많고 바다를 사랑하는 초등학생 아이로, 투니와 함께 바다를 여행하면서 다양한 해양 생물과 생태계를 체험하고 바다의 소중함을 배운다.

투니

빠른 헤엄 실력과 풍부한 해양 지식을 갖춘 바다 세계의 가이드로 바닷속 생물과 생태계에 대해 자세하게 설명해 준다.

아빠

한때 '낚시왕'으로 불렸을 만큼 낚시를 좋아한다. 아들 시언이에게 바다에 대한 호기심을 일깨워 주며, 바다에서의 안전 수칙, 해류, 해양 날씨 등 실용적 지식을 알려주는 시언이의 든든한 아빠이다.

~~~ 1장 ~~~

바다 여행 시작

수면은 고요하지만
안에서는 끊임없는 움직임이 있어요!

안전한 바다 여행을 위해 꼭 확인해야 할 바다 날씨

시언아, 일어나자! 오늘은 시언이 소원대로 바다에 가기로 한 날이잖아!

진작 일어나서 짐 챙기고 있었다고요, 아빠! 그런데 뭘 챙겨 가야 될까요?

그야 당연히 낚싯대를 챙겨야지! 아빠가 왕년에 낚시왕 '오바다'로 불렸다는 거, 너 모르고 있었지?

정말요?

나 때는 말이야, 바다에 낚싯대를 던지기만 하면 물고기가 올라왔다고. 바쁘게 사느라 아빠가 낚싯대를 놓은 지가 오래됐지만 아들과 함께 한다니 설레는구나. 두고 보라고! 시언이한테 싱싱한 회 맛 좀 보여 줄 수 있겠군!

알았어요. 저는 배를 타고 바다에 나가는 것만으로도 신나요! 갈매기들도 보고, 정말 운이 좋으면 고래나 돌고래도 볼 수 있겠죠?

글쎄, 갈매기는 많이 보겠지만 고래는 볼 수 있을까…? 그나저나 오늘 날씨를 다시 체크해 보자.

날씨가 좀 흐린 것 같은데, 계획대로 바다에 갈 수 있을까요?

자~ 이 예보를 좀 보렴. 바다 날씨 예보는 일반적인 날씨 예보에 추가로 풍향(바람의 방향), 풍속(바람의 속도), 파고(파도의 높이)도 알려 주거든. 날씨는 흐려 보이지만 구름만 낀 거라 바다로 나가기 딱 좋은 날이야!

풍속과 파고가 낮을 때는 안전하게 바다에 나갈 수 있지만, 바다에서 풍속이 14m/s 이상으로 3시간 이상 지속되거나, 파고가 3m 이상일 때는 풍랑주의보를 내려 위험을 경고해요. 배를 이용해서 일하는 어민뿐만 아니라 바다 주변이나 섬에 사는 사람들에게 이러한 바다 날씨는 매우 중요하답니다.

🧒 흐린 날씨인데 좋다고요? 선글라스를 가져가려고 챙겨 놓는데….

👩 구름이 조금 끼고 선선한 날이 오히려 바다에 나가기엔 좋은 날이야. 햇빛이 쨍쨍한 날은 너무 덥고, 햇빛에 너무 노출되어 피부가 타기 때문이지.

🧒 그럼 오늘은 흐리니까 선크림을 안 발라도 되나요?

👩 천만의 말씀! 구름 낀 날에도 자외선 수치는 높을 수 있어. 게다가 바다에서는 빛이 수면에서 반사되어 모자를 써도 피부가 잘 탈 수 있거든. 그러니 선크림을 꼭 바르고 모자도 쓰고 긴팔을 입자.

🧒 선크림, 모자, 긴팔 완료! 준비 끝!

👩 우리 시언이 멋진 걸! 자, 이제 구명조끼만 챙기면 돼.

🧒 아빠, 꼭 구명조끼를 입어야 돼요?

👩 그럼! 바다가 잔잔해 보여도, 해변에서 보는 바다 상태와 먼 바다 상태가 다를 수도 있고 날씨가 갑자기 변하는 경우도 많아. 그래서 무엇보다 바다에 나가기 전에는 풍속과 파고를 꼼꼼히 봐야 된단다. 그리고 구명조끼는 말할 것도 없이 항상 휴대하고 다녀야 하고.

🧒 풍속은 바람이 부는 속도라는 거, 저도 알아요. 바람 때문에 배가 흔들릴 수 있으니까 풍속을 체크해야 되는 건 알겠는데, 파고는 뭐예요?

👩 파고는 파도의 높이를 말한단다. 정확히는 파도의 가장 낮은 부분인 골에서 가장 높은 부분인 마루까지의 높이를 말해. 날씨 예보를 볼 때 '풍랑주의보'라는 말 들어 봤지? 풍랑주의보는 파고가 높을 때도 내려지지만, 강한 바람이 계속해서 불 때도 내려질 수 있어.

🧒 날씨도 확인해야 하고, 풍속과 파고도 확인해야 하고, 챙길 물건도 많고. 바다에 나가기가 참 쉽지 않네요.

👩 그렇단다. 자연 현상을 우리가 통제할 수 없으니 우리가

바다 날씨를 잘 보고, 거기에 맞춰야 한단다. 그럼 구명조끼도 챙겼으니, 출발해 볼까?

찰랑찰랑~ 넘실넘실~ 밀려왔다 밀려 가는 파도의 종류

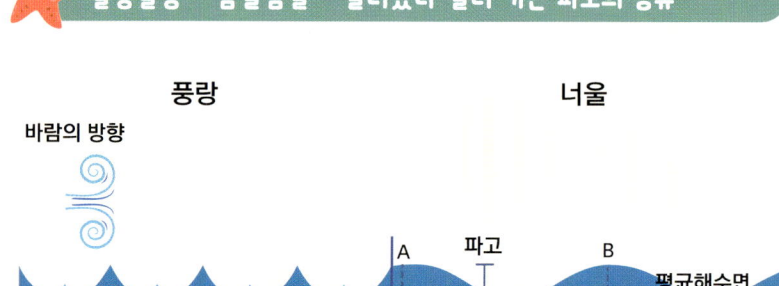

바다를 보면 찰랑찰랑거리는 파도가 참 아름답죠? 파도란 바다에 이는 물결을 말해요. 파도가 치는 이유는 주로 바람 때문인데, 바람에 의해 발생한 파도에는 풍랑과 너울이 있답니다.

풍파라고도 불리는 풍랑은 바다에서 바람이 해수면 위로 지속적으로 불 때 발생하는 것을 말해요. 풍랑이 잔잔한 해변이나 해안으로 이동한 경우에는 너울이라고 합니다.

너울은 먼 바다에서 발생한 파도가 바람의 영향을 직접적으로 받지 않고 해안으로 밀려오는 파도입니다. 풍랑과 너울의 차이는 마루로 구분할 수 있어요. 파도의 가장 높은 부분을 마루라고 하는데, 풍랑의 마루는 뾰족한 편이에요. 반면 너울은 풍랑과 다르게 파의 마루가 둥그스름하고, 파고가 완만해요. 너울은 해안가에서 갑작스럽게 높은 파도를 일으켜 해안가에서 활동할 때 조심해야 되요. 특히 장마철이나 태풍이 접근할 때 너울성 파도가 가해져 위험이 증가할 수 있으니 바닷가에 가기 전에 꼭 날씨를 확인하도록 해요!

바닷물의 길, 해류와 한반도의 바다

🧒 아빠, 바다에 나오니까 기분이 참 상쾌해요! 동해가 이렇게 예쁜 바다였네요!

👨 시언이와 함께 가는 거니 아빠가 어디로 가는 게 좋을지 고민을 많이 했지! 시언이도 알다시피, 우리나라는 삼면이 바다로 둘러싸여 있잖아. 서해는 주변 육지에서 큰 강이 유입되기 때문에 영양염류[1]가 풍부하단다. 한편 남해는 연중 수온이 높고 수심이 낮은 편이지. 동해는 성질이 다른 두 해류가 만나 어종이 다양하단다. 세 바다 모두 다양한 생물들이 많이 살고 있는 보물창고이지만 오늘은 돌고래를 보고 싶다는 시언이의 소망에 동해로 결정했지. 서해보다는 동해에서 돌고래나 고래를 볼 확률이 조금 더 높거든.

---

[1] 바닷물 속에 녹아 있는 물질을 염류라고 해요. 염류 중 가장 많은 것은 염화나트륨, 일명 소금이에요. 그 외에도 규소, 인, 질소 등이 포함되어 있어요. 이러한 염류 중에서 생물의 정상적인 생육에 필요한 염류를 영양염류라고 한답니다.

🧒 성질이 다르다고요? 착한 해류? 나쁜 해류인가? 해류가 뭐예요?

👩 자동차들이 길을 따라 일정한 방향으로 이동하듯이, 바닷물도 일정한 방향과 속도로 이동해. 그걸 '해류'라고 부른단다. 지구에는 다양한 해류가 존재하지. 여기 지도를 보면서 설명하면 이해하기 쉽겠구나. 태평양 서부 필리핀에서 시작하여 대만과 일본을 거쳐 흐르는 해류를 쿠로시오해류라고 해.

🧒 쿠로시오는 우리나라 말 같지가 않아요.

👩 응. 일본어인데, 해석하면 흑조라는 뜻이란다.

🧒 흑조가 뭐예요?

👩 흑조는 검은 새란 뜻이야. 일본해류라고 불리기도 하는 이 해류는 따뜻한 남쪽에서 오니까 수온이 높지. 시언아, 따뜻한 물이 담긴 컵과 차가운 물이 담긴 컵에 소금을 녹인다고 생각해 보자. 어떤 컵에서 소금이 더 잘 녹을까?

🧒 따뜻한 물이 담긴 컵이요!

해류란?

지구의 바다에는 다양한 해류가 흐르고 있어요. 해류는 크게 바다 표면에서 바람에 의해 생기는 표층 해류와 바닷물의 온도와 염분에 의해 밀도˚가 변하여 생기는 심층 해류로 나눠요. 무역풍과 편서풍에 의해 영향을 받는 표층 해류는 저위도인 열대에서 고위도로 흐르는 따뜻한 '난류'와 고위도에서 저위도로 흐르는 차가운 '한류'로 나눠요.

한편 심층 해류는 극지방에서 얼음이 만들어질 때 발생해요. 바닷물이 얼 때는 순수한 물만 얼고, 염분은 주위의 해수로 빠져나가 주위 해수의 염분이 높아지고, 밀도가 높아져요. 이로 인해, 바닷물이 바다 깊은 곳으로 내려가면서 발생해요. 심층 해류는 지구 전체의 열을 순환시켜 주는 거대한 해류랍니다.

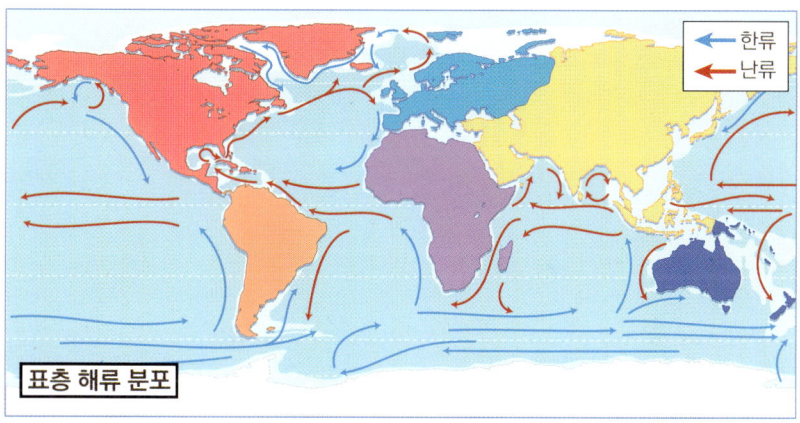

표층 해류 분포

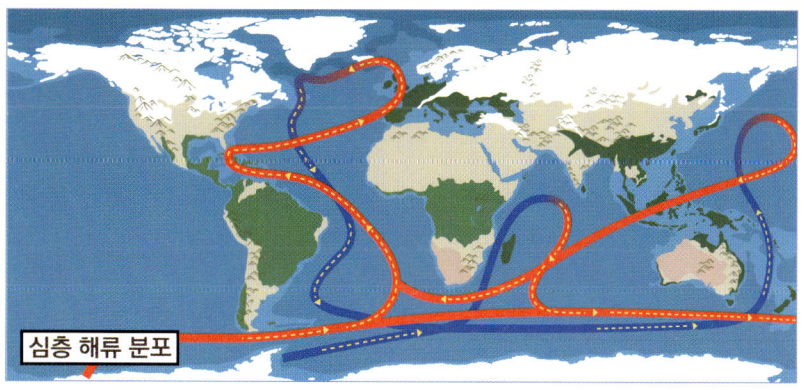

심층 해류 분포

우리나라 주변 해류 모식도(출처 : 국립해양조사원)

* 밀도: 단위면적 속에 포함된 물질의 비율. 밀도가 다른 물질을 섞으면, 상대적으로 밀도가 큰 물질이 가라앉고, 밀도가 작은 물질은 뜨게 됩니다.

🧒 맞아. 게다가 따뜻한 남쪽에서는 햇빛에 의해 바닷물이 증발되고, 산소도 공기 중으로 많이 배출되므로, 남쪽에서 오는 따뜻한 난류는 염분이 많고, 산소가 적다는 특징이 있어. 그리고, 난류는 한류보다 빠르게 움직이기 때문에 포함하는 영양염류가 적다는 특징이 있어. 쿠로시오해류는 제주도의 남쪽 바다에서 갈라지는데, 그중 동해로 진입하는 것을 동한난류라고 부르고, 서해로 진입하는 것을 황해난류라고 불러.

👧 아까 동해에는 성질이 다른 해류가 2개 있다고 했잖아요. 하나가 동한난류예요?

🧒 그렇지. 나머지 하나가 동한난류랑 성질이 다른 해류면, 차가운 해류겠지? 동해에는 북쪽에서 연해주를 따라 흘러내려오는 차가운 해류가 있어.

👧 연해주를 따라 흘러내려오니까, 연해주해류라 부르겠네요?

🧒 그렇지. 그 일부가 러시아의 블라디보스토크 앞바다에서 북한의 동해안을 따라 흘러내리니, 이 해류를 북한한류라고 해. 이 해류가 바로 우리나라의 동해에 들어오는 또 하나의 해류란다.

👧 그럼, 북한한류는 동한난류와 반대로 추운 북쪽에서 오니까 수온은 낮고, 염분이 적고 대신 영양염류가 많다는 특징이 있겠네요?

🧑‍🦱 역시 우리 아들! 하나를 가르치니 둘을 아는구나! 이렇게 성질이 다른 두 물 덩어리가 만나 생기는 경계면을 조경이라고 해. 이곳에서는 차가운 물은 내려가고 따뜻한 물은 올라가면서 영양염류가 위로 떠오르게 되고, 미생물이 잘 번식하니까 좋은 어장이 발달하게 되는 거란다. 그런 좋은 어장을 조경수역이라 부르지. 조경수역에서는 차가운 물에서 사는 생물과 따뜻한 물에서 사는 생물을 함께 볼 수 있어. 동해에서 볼 수 있는 어종 중에는 대구, 명태, 청어가 대표적인 한류성 어종이지. 한편 오징어, 꽁치, 멸치, 고등어 같은 것들은 대표적인 난류성 어종이야.

🧒 그렇구나. 우리나라 바다에는 얼마나 많은 생물들이 살고 있나요?

🧑‍🦱 바다에는 어류뿐만 아니라, 파충류, 포유류도 살고, 무척추동물과 미생물까지 살고 있지. 20만 종 이상이 현재까지 보고되었어. 그중에 우리나라 해역에서 발견된 종들은 4천 종 이상이란다. 어마어마하게 많지?

🧒 와! 모두 만나 보면 얼마나 좋을까요?

초록빛에서 푸른빛으로, 햇빛을 머금은 바다의 비밀

🧒 아빠, 점점 먼 바다로 나가니까 바다색이 푸른색으로 바뀌었어요. 우리가 출발할 때는 초록빛이었는데….

👨 우리 시언이, 예리한데? 사실 바다의 원래 색은 푸른색도 아니고 초록색도 아니란다. 그냥 투명한 색이지. 물을 한 번 떠 보렴.

🧒 이렇게 물을 떠 보니까 투명한 색이에요. 그럼 바다색이 다르게 보이는 이유가 뭐예요?

👨 바다의 빛깔은 여러 조건에 따라 달라진단다. 우리들이 보통 빛이라고 하는 것은 태양으로부터 퍼져나오는 수많은 전자파 중에서 우리 눈에 보이는 가시광선이야. 이 가시광선은 색깔별로 파장이 달라. 파도처럼 빛도 한곳에서 시작된 진동이 퍼져나가는 현상인 파동으로 설명할 수 있는데, 파도에 대한 설명을 할 때, 마루와 골에 대해 설명한 것 기억나지? 파장은 마루와 마루 사이, 또는 골과 골 사이의 길이를 말한단다. 시언

이, 무지개 색깔 알지?

👦 빨, 주, 노, 초, 파, 남, 보! 7가지 색이요!

👩 옳지! 이 7가지 색 중에서는 보라색 파장이 가장 짧고, 빨간색 파장이 가장 길어. 물 한 잔은 깊이가 작으니 빛이 거의 그대로 통과해서 투명하게 보여. 하지만 강이나 바다와 같이 수심이 있는 곳에서는 빛이 흡수되지. 파장이 가장 긴 붉은 빛은 수심 5m 이내에서 가장 빠르게 흡수되고 파장이 짧은 푸른 빛은 흡수되지 않은 채로 바닷속 깊은 곳까지 도달해서, 곳곳으로 방출된단다. 이걸 '빛의 산란'이라고 하는데, 그래서 바다가 푸르게 보이는 거야. 푸른색에도 차이가 있어서 얇은 바다는 초록빛이기도 하지만 깊어질수록 파래지고, 검푸르러지지.

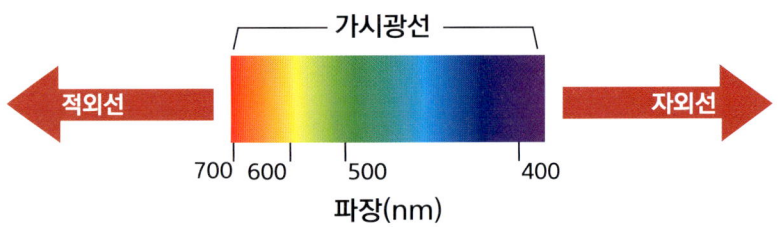

전자기파는 파장에 따라 400nm 미만의 범위를 자외선, 400nm에서 700nm 사이는 가시광선, 700nm 이상은 적외선이라고 불러요. 그중 사람들 눈에는 가시광선만 보이고, 적외선이나 자외선은 볼 수 없어요. 하지만 동물들의 가시광선 영역은 사람과 다를 수 있어요. 해양 생물 중에는 색맹, 즉 색을 구분하지 못하는 동물들이 많은데 대표적인 예로 문어와 돌고래가 있답니다.

🧒 우리가 출발할 때는 연안의 얕은 바다에서는 미처 다 흡수되지 못한 초록빛으로 보였던 거군요.

👒 그렇단다. 바다의 깊이뿐만 아니라 바닷속의 부유물 농도에 따라서도 바다 빛깔이 달라질 수 있어. 서해가 황해라고 불리는 이유도, 중국의 황하가 엄청난 양의 토사를 실어 바다로 내보내면서 바닷물이 누렇게 변하기 때문에 부른 이름이지. 또 아시아와 아프리카를 가르는 바다는 홍해라고 불리는데, 적조 현상이 자주 일어나기 때문에 그래.

🧒 적조 현상이 뭐예요?

👒 영양염류와 햇빛, 수온, 염분 등의 영향으로 붉은 색의 플랑크톤이 대량으로 발생하면서 바다가 붉게 보이는 현상이야. 우리나라와 같은 온대지방에선 주로 수온이 높은 초여름부터 가을 사이에 적조가 많이 발생하는데, 적조는 대량으로 발생했다가 일정 기간이 지나면 저절로 소멸되는 경우가 많아. 이때 죽은 적조 생물이 바다 밑으로 가라앉아서 미생물에 의해 분해되면서 많은 양의 산소가 소모되거든. 그렇게 되면 일시적인 산소 부족 현상을 일으킬 수 있고, 바다 밑바닥에 사는 생물(저서생물)에게 피해를 주기도 하지.

적조 현상이 일어난 바다(출처:셔터스톡)

🙂 그럼 적조는 나쁜 현상이네요?

🧑 꼭 그런 것만은 아니야. 적조 생물은 독성이 없고 수산생물에도 피해를 주지 않는 무해성 종과 수산업에 피해를 끼치는 유해성 종으로 구분할 수 있는데, 우리나라에서 적조를 일으킨 70여 종 중 대부분은 무해성이고, 일부 종만 유해성 종에 해당해. 무해종에 의한 적조 발생은 질소나 인과 같은 영양염류를 많이 소모해서, 그 해역에 다량으로 존재하는 오염 물질을 제거하기도 해.

🙂 그렇구나. 아빠는 낚시에만 관심이 있는 줄 알았는데, 바

다에 대해서 엄청 잘 아시네요? 아빠랑 바다에 나오니까 바다에 대해 벌써 많이 배웠어요!

🎩 아빠가 이래 봬도 바다를 사랑하는 사람이야. 바다는 알수록 매력 있는 곳이라고! 자, 이제 낚시를 좀 해 볼까?

👧 물고기를 잡으려면 얼마나 오래 기다려야 될까요?

🎩 글쎄다…. 낚시를 기다림의 미학이라고 부르기도 하지만, 낚시왕 오바다를 믿어 보렴! 곧 대어를 낚게 될 테니!

👧 어? 아빠, 제 낚시대가 흔들려요!

🎩 꽉 잡아! 정말 큰 물고기가 걸렸나 보다! 어….! 시언아!!!

👧 아빠!!!!!

초록빛을 띠는 얕은 바다(출처: 김유나)

푸른빛을 띠는 바다. 자세히 보면 육지와 가까운 얕은 부분은 초록빛임을 알 수 있다(출처: Vijay Williams).

2장

바닷속으로 풍덩!

멋진 바다 생물들과의 만남

어류는 주위 온도에 따라 체온을 변화시키는 변온 동물

🐟 네 이놈! 감히 날 잡으려고? 본때를 보여 주마!

👧 사람 살려! 제발 살려주세요!

🐟 뭐야, 어린애였잖아? 힘이 너무 좋아서 아이인줄 몰랐네. 얼른 이 공기 방울을 쓰거나 해!

👧 어휴, 이제야 살 거 같다. 엄청 어지러워. 잠깐만, 물속에서 숨을 쉬고, 지느러미로 헤엄을 치고, 몸에 비늘이 있는 걸 보니 물고기인데, 말을 하네? 넌 도대체 누구니?

🐟 이 몸을 모르다니. 통통한 배, 날씬하고 힘이 센 꼬리를 가진 바다의 왕, 다랑어 중의 다랑어! 참다랑어지!

👧 바다의 왕은 고래나 상어인 줄 알았는데…?

🐟 속도로 말할 것 같으면 날 따라올 자가 없지! 난 평균 시속 7~8km로 빨리 헤엄칠 수 있다고!

👧 정말로? 배가 통통하니 그래 보이진 않는데. 나도 달리기 하면 자신 있거든!

🐟 겉모습만 보고 판단하지 말아 줄래? 난 물만 잘 만나면 최대 시속 20~30km까지 헤엄칠 수도 있다고! 직접 보여 줘야겠군. 한번 제대로 느껴 봐야 내 위엄을 알겠지? 롤러코스터보다 더 짜릿할 걸!

👦 으아아아, 잠깐! 알겠어! 도대체 어떻게 그렇게 빨리 수영할 수 있는 거야?

🐟 그건 내 몸에 뜨거운 피가 흐르고 있기 때문이지.

👦 피는 우리랑 비슷하지 않아? 사람의 체온처럼 36~37도 정도 아닌가?

🐟 우리 물고기들은 너희 사람들과는 달라. 사람처럼 주변 온도와 상관없이 일정한 체온을 유지할 수 있는 시스템이 갖추어진 동물을 정온 동물이라 하고, 주변 온도에 의해 체온이 바뀌는 동물을 변온 동물이라 하지. 변온 동물의 대표인 어류들은 주변의 온도에 따라 체온이 바뀌거든. 일정한 온도로 체온을 유지하려면 에너지 소모가 큰데, 우린 그럴 필요가 없어서 더 효율적이라고.

👧 그럼 너는 갑자기 차가운 물에 들어가도 살 수 있는 거야? 나는 온탕에 있다가 냉탕에 들어가는게 겁나거든.

🐟 따뜻한 물에 있던 물고기가 갑자기 차가운 물에 갈 수 있는 건 아니야. 온도가 너무 떨어지면 체온도 같이 떨어지면서 활동성이 떨어지게 되고, 반대로 온도가 지나치게 오르면 호흡곤란 같은 증상이 나타날 수 있지.

우리 물고기들은 수온이 15도 이하인 곳에서 서식하면 냉수성, 15~20도 사이 수온에서 서식하면 온수성, 20도 이상 수온에서 서식하면 열대성이라고 해. 하지만 나 같은 다랑어들은 체온이 24~25도 사이에서 변하기는 하지만 주변 수온보다 10도 정도 높게 유지시킬 수 있기 때문에 열대부터 온대 지방까지 이동이 가능하지.

🧒 그렇구나…. 너 생각보다 똑똑하고 멋진 물고기구나!

🐟 뭐 이 정도 가지고! 사람들이 물고기는 기억력이 15초밖에 되지 않아 낚시에 걸린다는 둥 엉뚱한 소리를 하던데…. 그건 헛소리라고! 오히려 내가 바다에 대해서는 인간들보다 몇 배는 더 잘 알걸? 궁금한 게 있으면 나한테 다 물어보라고, 얼마든지 가르쳐 줄 수 있어.

🧒 근데 체온이 높으면 어떻게 빨리 헤엄칠 수 있는 거야?

🐟 높은 체온은 근육의 수축 속도를 빠르게 해 줘서 꼬리지느러미를 힘차게 흔들 수 있거든. 게다가 난 덩치가 크잖아. 몸이 큰 동물일수록 더 많은 먹이를 먹고 몸 안에 에너지로 저장할 수 있어. 체온이 높으면, 대사[1] 속도가 빨라지기 때문에, 헤엄치는 데 필요한 에너지를 똑같은 시간에 더 많이 공급할 수 있게 되는 거야.

🧒 와, 나도 잘 먹고 빨리 커서 너처럼 수영을 잘했으면 좋겠다.

🐟 그러고 보니 나도 이제 좀 먹이 사냥을 해야 또 빠른 속도로 헤엄칠 수가 있을 텐데…. 이 낚시 바늘 때문에 먹을 수가 있으려나?

---

[1] 몸에 저장해 두었던 물질을 태워 에너지를 발생시키는 화학 반응.

🧒 정말 미안해. 이리 가까이 와 봐. 내가 빼 줄게.

🐟 아우~ 시원하다~ 진작에 빼고 얘기할걸! 이제 좀 살 것 같네! 고마워.

🧒 고맙기는, 애초에 내가 아프게 했는데…, 미안해.

🐟 괜찮아. 나도 좀 미안하긴 해. 나 때문에 물에 빠지고 말이야.

🧒 괜찮아, 덕분에 바닷속 구경도 하고 오히려 고맙지. 너 같은 멋진 친구들도 만날 수 있고 말이야.

🐟 그렇다면 진짜 바닷속 구경시켜 줄까? 난 마침 태평양을 회유[2] 중이었는데?

🧒 회유? 회유가 뭐야?

🐟 물고기들이 한 서식지에서 다른 장소로 떼를 지어 경로를 따라 이동하는 걸 회유라고 해. 우리 다랑어는 봄에 쿠로시오 해류를 타고 북쪽으로 이동하는데, 이처럼 계절과 관계 있는 경우를 계절회유라고 하지. 한편 청어가 산란을 위해 근해로 오는 것처럼 산란 장소로 이동하는 경우에는 산란회유라고 해.

---

[2] 다랑어와 고래처럼 회유하는 거리가 굉장히 긴 어종은 특별히 고도회유성 어종으로 분류하고, 해양법에 관한 유엔 협약과 같이 국제 기구를 통하여 국제적으로 보호 및 관리할 수 있도록 합니다.

🧒 너는 지금 세계에서 가장 큰 바다, 태평양을 회유하고 있는 거야? 멋지다! 나도 언젠가 너처럼 넓은 바다를 여행하면 좋겠어!

🐟 그거 어렵지 않지. 나랑 같이 갈래?

🧒 정말로? 당장 가자! 정말 신난다!

🐟 자자, 진정하고. 우리 같이 먼 여행을 떠날 사이니까, 서로 이름은 알아야지. 난 투니라고 해.

🧒 반가워, 투니야. 난 시언이라고 해. 오시언!

🐟 오시언? 아하! Ocean이구나! 시언이 넌 이름부터 특별했어. 넌 나와 함께 바다 여행을 할 운명이었나 봐! 자, 이제 출발해 볼까?

멸종 위기에 처한 다랑어들

국제자연보호연맹(IUCN)에서는 2~5년마다 동물과 식물의 보존 상태를 조사하고 적색 목록(레드리스트)을 만들어요. 이중 심각한 위기, 멸종 위기, 취약 범주를 합하여 멸종 우려종으로 보죠. 이런 종들은 우리가 힘을 써 보존하려고 노력하지 않으면 야생에서 멸종할 위험이 있어요.

우리가 참치로 알고 있는 다랑어는 크게 7가지 어종으로 분류되는데, 몇몇 종은 멸종 우려가 있답니다. 멸종을 막기 위해 여러 해양과학자들과 환경운동가들이 모여 미래에도 해양 자원을 보존하고 지속 가능한 어업을 위해 열심히 노력하고 있답니다.

참치 어종별 멸종 위기 등급 (2024년)

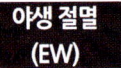
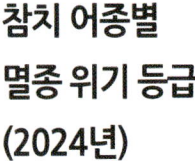
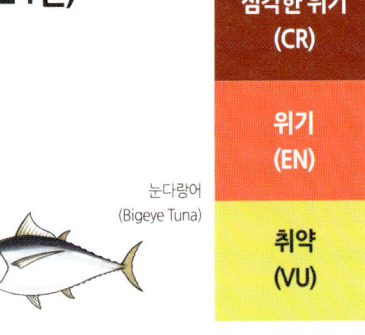

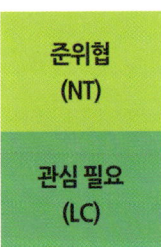

영화 <죠스>의 주인공, 날카로운 이빨의 상어

🧒 우와, 직접 들어와서 보니 밖에서 볼 때보다 더 아름답다. 악! 상어다! 도망쳐 투니야!

🦈 투니, 이 호들갑 떠는 애는 누구니?

🐟 응. 내 친구인 시언이야. 시언아 숨지 말고 나와서 인사해. 내 친구 샤키야.

🧒 엥? 상어가 친구라고?

🐟 응. 샤키는 모래뱀상어야. 보통 상어들은 부레를 갖고 있지 않아 어느 정도의 속도를 유지해서 계속 수영을 해야만 물에 떠 있을 수 있는데, 모래뱀상어는 상어류 중에서 유일하게 수면 위에서 공기를 삼켜 위장에 넣어 부력을 만들어 내는 종이야. 계속 움직이지 않아도 되니까 에너지를 아껴두었다 먹이 사냥을 할 때 기습 공격을 하는데 유리하지. 그나저나, 안 그래도 등이 너무 간지러웠는데, 잘됐다! 샤키야, 꼬리에 등 좀 비빌게.

지금은 뭐 하는 거야?

보면 몰라? 간지러운 곳을 비비는 중이지.

 내 피부는 사포처럼 오돌토돌하거든. 그래서 많은 물고기들이 내 몸에 와서 비벼. 너희 사람들도 항상 몸을 깨끗하게 관리해야 하듯이, 물고기들도 몸을 청결하게 한단 말이지. 많은 물고기들이 내 몸에 몸을 비벼서 기생충이나 세균을 털어 버리고 건강하게 살 수 있어.

😊 그렇구나. 마치 우리가 목욕탕에서 때를 미는 거랑 똑같네? 너는 바닷속 세신사이기도 하구나! 큰 이빨과 섬뜩한 눈만 보고 무서워했는데 말이야. 이 이빨로 한 번 물어 버린 건 절대 놓치지 않는 거지?

🦈 그럼! 난 바닷속의 맹수라고. 뾰족한 바늘 모양의 이빨은 물고기를 사냥하는 데 적합하지. 빠르게 움직이는 물고기를 한 번에 물어 삼키는 거야! 우린 항상 뾰족한 이빨을 가지고 있어야 되기 때문에, 계속 이빨갈이를 해. 닳거나 부러진 이빨은 빠지고 다시 뾰족한 이가 나오지.

😊 그렇구나. 다른 상어들도 너처럼 똑같이 이빨을 가니?

🦈 상어라고 다 나 같은 이빨을 가진 건 아니야. 엔젤상어나 너스상어 같은 친구들은 갑각류같이 단단한 먹이를 자근자근 씹어 먹기 위해 납작한 이빨을 가지고 있고, 고래상어나 돌묵상어 같이 플랑크톤을 먹는 상어의 이빨은 아예 퇴화되었어. 그 친구들은 몸집만 컸지 전혀 사나운 상어가 아니야.

😊 그런 친구들도 있구나. 전 세계에 상어 종류만 500종이 넘는다고 하는데 내가 너무 몰랐나 봐.

모래뱀상어의 뾰족한 이빨(출처: Tracy Olive)

돌묵상어는 플랑크톤을 섭취하기 때문에 이빨이 퇴화되어 버렸다(출처: 셔터스톡).

🦈 다양한 종이 있는 만큼 사냥법도 다양해. 나같이 혼자 사냥하는 종들은 천천히 먹잇감 주위를 돌다가, 이때다 싶으면 갑자기 입을 쩍 벌리고 달려들지. 우리 상어의 턱은 아래턱과 위턱이 분리되어 있어서 각각 따로 움직일 수가 있어.

👧 턱이 분리되어 있다니, 진짜 신기하다.

🦈 바닥에 사는 상어들도 있는데, 그런 상어들은 모래 바닥이나 바위랑 비슷한 색으로 위장을 하고 있다가 갑자기 공격해. 이런 방법을 '매복'이라고 하지.

👧 이렇게 넓은 바다에서 상어들은 어떻게 먹이를 찾아내는 거야?

🦈 그 비밀은 우리 상어들의 머리 쪽에 있어. 내 머리 쪽을 보면 피부에 구멍들이 많이 있지? 이 구멍 속에 뇌에 즉각적인 신호 전달을 해 주는 신경세포로 이어진 섬모 다발들이 있거든. 이걸 로렌치니 기관이라고 해. 로렌치니 기관이 아주 미세한 전류를 감지해서 먹이의 위치를 파악할 수 있게 해 주지.

흑기흉상어의 로렌치니 기관 (출처: Luc Viatour, 위키미디어 공용)

상어에 대해 알고 보니 무섭기보다, 멋있는데? 나는 상어 하면 사람을 해치는 존재라고만 생각했었거든. 영화 〈죠스〉[1]를 보면서 얼마나 벌벌 떨었는지 몰라.

상어가 사람을 공격하는 사건은 연평균 73건 정도인데 반해, 사람에 의해 죽는 상어는 연간 1억 마리가 넘는다고. 샥스핀[2] 요리에 사용하는 상어 지느러미를 공급하기 위해 사람들

---

[1] 1975년에 개봉한 미국 영화로, 큰 상어가 바닷가에 나타나서 사람들을 공격하는 이야기입니다.
[2] 상어의 지느러미로 만드는 요리로 중국 등 몇몇 나라에서 특별한 날이나 잔치 때 먹던 음식인데, 상어를 잡아 지느러미만 잘라서 다시 바다루 던져 문제가 되었습니다. 상어류 보호를 위해 지금은 많은 사람들이 먹지 않거나, 먹지 말자고 하고 있습니다.

이 상어를 마구잡이로 잡고 있어. 이러다가 상어 같은 상위 포식자가 사라지면, 상어 밑의 중간 포식자 수가 급격하게 늘어나면서 해양 생태계 피라미드 제일 아래에 속해 있는 생물들의 개체 수는 줄어들거나 멸종할 거야. 해양 생태계가 파괴되는 거지. 시언이는 안 그러겠지만, 너희 사람들이 상어를 포함해서 많은 바다 친구들을 여러모로 괴롭히고 있단 말이지.

🙂 상어는 보호가 시급한 동물이구나.

🐟 1984년 호주에서 모래뱀상어를 멸종위기종으로 등록했는데, 상어류가 세계 최초로 멸종위기종으로 등록되는 기념비적인 일이었지. 그 전까지 상어는 무서운 괴물 같은 종으로 여겨졌다면, 이제는 바다의 중요한 생물의 하나로서 인정하고 보호해야 할 대상으로 인식을 바꾸려는 노력이 시작된 거야.

🙂 나도 상어는 무서워할 대상이 아니라 보호해 주는 동물로 사랑해 줄래. 샤키야, 고마워!

경골어류 VS 연골어류

투니(다랑어)와 샤키(상어)는 둘다 어류에 속하지만, 둘은 뼛속부터 다른 물고기예요. 다랑어는 뼈가 딱딱한 경골어류에 속하고, 상어는 뼈가 부드러운 연골어류에 속해요. 둘의 차이점은 무엇일까요?

1 연골어류는 충격을 잘 흡수할 수 있어 심해의 고압을 이겨내는 데 경골어류보다 훨씬 유리해요.

2 경골어류의 뼈는 상대적으로 무겁기 때문에 몸에 부력을 조절하는 기관인 부레가 있어 물속에서 가라앉고 뜨는 것을 조절할 수 있어요. 반면 연골어류에서는 부레를 찾아볼 수 없어요. 그래서 연골어류는 가라앉지 않기 위해 계속 헤엄을 쳐야 하고 한곳에 머물러 있지 못한다고 해요.

3 연골어류의 피부가 까칠까칠한 이유는 방패비늘을 가졌기 때문인데, 경골어류는 둥근비늘 또는 빗비늘 같은 형태를 가져 매끈해요.

4 경골어류는 아가미를 보호할 수 있도록 아가미 뚜껑이 있지만, 대부분의 연골어류는 아가미 뚜껑이 없어요.

5 죽었을 때도 차이점이 있어요. 경골어류는 죽어서 땅에 묻혀 화석화 과정을 거치면 단단한 뼈가 남을 수 있는데, 연골어류는 턱뼈와 이빨만 남긴다고 해요.

크기에 압도되는 거대한 바다 생물, 고래상어와 만타가오리

퇴화된 고래상어의 이빨(출처: Robert Harcourt)

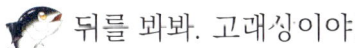 어어~ 갑자기 몸이 뒤로 빨려 들어가는 것 같아!

뒤를 봐봐. 고래싱이야!

와! 입이 정말 크다. 샤키가 설명해 준, 이빨이 퇴화되어 버린 상어구나.

🐟 고래상어의 입은 1.5미터까지 클 수 있고 한 번에 60만 리터의 물을 삼킬 수 있대. 그리고 이름에 고래가 들어가지만, 사실은 고래가 아니라 물고기야.

😀 휴, 빨려 들어갔으면 큰일 날뻔했네.

🐋 그런 걱정은 마. 난 여과섭식자[1]야. 내 입에는 20개의 여과판이 있어서, 평소 내가 먹던 먹이가 아니면 바로 걸러내. 게다가 내 식도는 2.5cm밖에 안 돼서 너 같이 큰 애를 먹으려 했다간 사레 걸릴걸?

😀 그렇구나. 오해해서 미안해. 너는 도대체 얼마나 클 수 있는 거야?

🐋 난 열한 살인데 벌써 14미터가 됐어.

😀 나랑 동갑이네! 근데 벌써 14미터면, 도대체 얼마나 클 수 있는 거야?

🐋 고래상어는 현존하는 가장 큰 물고기야. 보통 14~20미터까지 자란다고 하는데, 고래상어같이 큰 동물의 길이를 재는 것은 쉽지 않아. 보통 80살에서 130살까지도 살 수 있다고 하는데, 물속에 사는 생물의 수명을 아는 것도 어려우니까.

😀 크기만 놀라운 것이 아니라 오래 사는 것도 정말 놀랍다!

---

[1] 물을 통과시켜 물속의 입자나 부유물질을 걸러 먹는 포식자

🐟 더 놀라운 걸 알려줄까? 너 '난태생'이라고 들어봤어? 난생은 어류처럼 알을 낳는 거고, 태생은 사람 같은 포유류가 새끼를 낳는 거야. 그럼 난태생은 뭘까?

🐳 난 알을 만들기는 하지만, 알을 낳는 게 아니라 내 몸 속에서 일단 알을 부화시킨 후에 낳는 거야. 그런 걸 난태생이라고 해.

👧 그럼 몸 안에서 알을 품어서 부화시키는 셈이구나? 정말 신기하다!

🐟 어? 만타가오리들이 왔다!

👧 고래상어만 큰 줄 알았더니 저 가오리는 꼭 전투기 같네. 이렇게 큰 친구들이 눈치챌 틈도 없이 조용히 왔네?!

🐟 만타가오리의 외형은 넓고 납작하며 유선형으로, 물속에서 움직일 때 저항을 최소화 시켜, 힘을 덜 쓰고도 멀리 이동할 수 있어. 물속을 부드럽게 미끄러지듯이 헤엄쳐서 소리도 최소화 시킬 수 있어. 그래서 이렇게 쥐도 새도 모르게 온 거지. 양쪽 지느러미를 날개라고 부르는데, 만타가오리의 날개 너비는 7m이고 무게는 1톤이나 돼.

🐳 그래 봤자 나보다 훨씬 작아. 저리 비키라고! 성가신 녀석들.

🐟 바다에서 흔히 일어나는 먹이 경쟁 상황이야. 만타가오리도 고래상어처럼 작은 플랑크톤과 물고기를 먹으며 살아. 같은 먹이를 먹는 생물들이 먹이를 더 많이 차지하려고 서로 경쟁을 하는 거지.

👧 가오리는 뭘 먹으러 온 것 같지가 않은데? 가오리 주변에 갑자기 물고기들이 몰려들고 있어. 재미난 거라도 있는 걸까?

🐟 그렇네. 오늘은 청소역에 온 거구나. 지금 가오리 주변에 모여든 물고기들은 청소 물고기야. 산호초에 사는 작은 물고기들 중에 가오리 같은 물고기들의 몸에 붙은 기생충을 제거해 주는 특수 물고기지. 가오리와 청소 물고기는 공생 관계에 있어. 서로 다른 종의 동물이 상호작용을 통해 이익을 주고 받는 생물학적인 관계야. 청소 물고기는 기생충인 먹이를 배불리 먹고, 가오리는 피부를 건강히 유지할 수 있으니, 누이 좋고 매부 좋고!

청소역에 있는 가오리(출처: Tracy Olive)

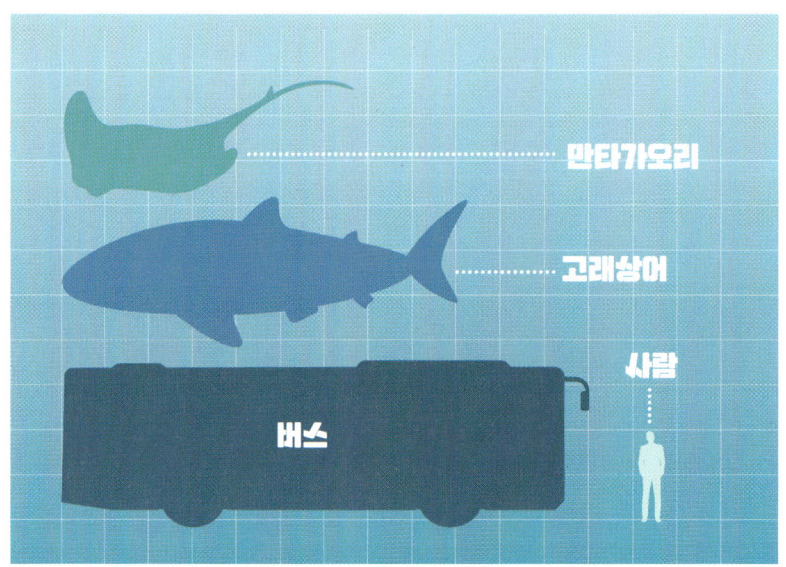

만타가오리, 고래상어 크기 비교

	고래상어	만타가오리
길이	14~20m	7m
무게	20톤	1톤
수명	80~130년	40~50년
수영 속도	5km/h	10km/h
최대 잠수 깊이	1700m	670m

만타가오리, 고래상어를 비교한 표

바닷속 비밀 무기, 문어와 꼬깔해파리

🧒 저기 웬 담요가 있네? 안 그래도 물 속에 좀 오래 있었더니 추웠는데, 저걸로 몸을 좀 덮어야겠다.

👧 깜짝이야! 담요가 아니라 문어잖아?

🐙 놀란 건 나라고? 날 잡아먹으려는 줄 알았다고!

🐟 담요문어라는 녀석이야. 문어들 중에서는 작은 편에 속하지만, 막을 펼치면 2m 정도로 거대해져.

🧒 포식자들에게 크게 보여서 자신을 보호하려 하는 거구나.

🐟 맞아. 저 망토는 오직 암컷이 성체가 될 때만 가질 수 있어. 사실 암컷 담요문어는 저렇게 크지만, 수컷 담요문어는 2.4cm 정도로 차이가 엄청 나.

🧒 100:1의 차이라고?

🐟 이렇게 암컷과 수컷의 차이가 클 때 성적 이형이라고 하는데, 담요문어의 성적 이형은 엄청나지.

🧒 그런데 어린 담요문어나, 수컷 담요문어는 어떻게 자신을 보호하지?

🐟 몸이 작은 어린 암컷이나, 수컷은 숨는 데 능숙하지.

🧒 바닷속 바위 틈이나 산호 사이에 몸을 숨기면 되겠다.

🐟 숨기만 해서는 이 험난한 바다에서 살아남기 힘들지. 너 꼬깔해파리라고 들어봤니?

🧒 해파리는 젤리같이 생긴 해양 무척추동물이잖아. 근데 꼬깔해파리는 잘 몰라.

🐟 꼬깔해파리는 이름에 해파리가 붙었지만 사실 해파리와는 거리가 먼 생물이야. 해파리는 여러 개의 촉수가 달려 있는 단일 개체가 물에 떠다니는 것이지만, 피살리아속에 속하는 꼬깔해파리는 여러 개의 개체가 하나의 군체를 이루고 있는 것으

아름다운 파란 풍선 모양의 꼬깔해파리를 만나면 절대 만지면 안된다. 독침세포로 무장된 촉수는 꼬깔해파리가 죽었을지라도 전자동으로 작용해 심한 고통을 유발할 수 있다(출처: 김유나).

로, 이런 생물을 다형성 군체 생물이라고 해. 꼬깔해파리의 촉수에는 마치 전기로 지지는 듯한 고통을 유발하는 독을 가지고 있는데, 담요문어는 꼬깔해파리를 잡아먹을 수 있는 몇 안 되는 동물이야. 어린 담요문어는 꼬깔해파리를 잡아먹은 뒤 촉수를 잘라내어 마치 호신용 무기처럼 들고 다녀.

🙂 꼬깔해파리도, 담요문어도 조심해야겠는걸. 문어도 오징어처럼 먹물이 있어서 천적을 혼란스럽게 만들 수 있지?

🐟 맞아. 오징어와 문어 모두 먹물 속에 멜라닌이라는 색소가 들어 있는데, 보통 짙은 갈색의 먹물을 내보내 적의 시야를 가리는 역할도 하고, 담요문어의 먹물에는 들어 있지 않지만,

어떤 종들의 먹물 속에는 독이 들어 있을 수도 있어. 사실 대부분의 문어는 독을 가지고 있어. 문어가 사냥할 때 다리로 먹이를 조여 움직이지 못하게 한 후 이빨로 물어 독을 주입하곤 하지.

🧑 맹독을 가진 파란고리문어에 대해 들어 봤어. 파란고리문어는 위협을 느끼면 파란고리가 모양이 반짝이면서 경고를 한대.

🐟 잘 알고 있구나. 그런데 대부분 문어는 위장술을 쓰기 때문에, 잘 보이지 않아서, 위장한 채로 가만히 있으면 먼저 보고 피할 수가 없다는게 문제지.

🧑 투니! 너 문어의 꿈이라는 노래 알아? 나는 문어~ 꿈을 꾸

문어의 먹물 공격에 꼼짝 못 하는 잠수부(출처: 셔터스톡)

는 문어. 꿈 속에서는 무엇이든지 될 수 있어.

🐟 아니. 그 노래는 모르지만, 꿈속에서가 아니라, 문어는 정말 자신을 완벽하게 위장하는 능력을 가지고 있단다. 산호초에서 서식하는 문어들은 형형색색의 산호초와 색깔을 맞출 뿐만 아니라 산호 특유의 삐죽삐죽 튀어나온 부분까지 세세하게 재현해낼 수 있다고.

👧 어떻게 그럴 수 있지?

🐟 정확히 어떤 메커니즘으로 변화시키는지 알 수 없지만, 문어의 피부는 독특한 색소 세포와 이를 통제하는 근육들이 있는 복잡한 내부 구조를 가지고 있대.

파란고리문어는 사람을 죽일 수 있을만큼 강력한 독을 가진 문어이다(출처:셔터스톡).

산호로 변장한 문어(출처: Alex Schnell)

🧒 무척추동물은 척추동물보다 단순한 줄 알았는데, 생각해 보니, 다리도 다른 어떤 동물보다 많고, 매우 복잡한 신체구조를 가지고 있구나.

🐟 문어의 다리는 8개인데, 다리에 달린 빨판을 이용해 주변을 탐색하면서 바닥을 기어다니기 때문에 다리라고 부르지만 사실 팔이라고 하는게 맞아. 사람의 팔과 다리는 뇌의 명령에 따라 움직이지만, 문어의 팔은 독립적으로 움직일 수 있어.

🧒 어떻게 그럴 수 있는거지?

🐟 문어의 팔에는 뇌에 분포된 뉴런의 거의 2배가 되는 양의 뉴런이 분포되어 있대. 그래서 팔도 사고하는 기능을 가지게 되는 거고, 미각도 느끼고 촉각도 팔로 직접 느낄 수 있는거

지. 문어의 팔은 사냥을 할 때 매우 중요해. 먹이를 빠르게 낚아 채기도 하고, 한번 잡으면, 여러 개의 팔에 달린 빨판으로 꽉 붙들어 놓치는 법이 없지.

🙂 아빠는 문어를 먹으면 힘이 난다고 그랬어. 문어가 힘이 세기 때문에 그런걸까?

🐟 힘은 세지만, 부드럽고, 똑똑한 친구야. 뇌의 크기로만 보면 인간의 1/600 수준이지만, 팔 뿐만 아니라 온몸에 뉴런이 분포해 있는 형태인데다, 무척추동물을 통틀어 몸크기 대비 뇌 용량이 가장 큰 동물이 바로 문어라서, 문어의 지능은 꽹장히 발달했을 것으로 추정해.

🙂 알고 나니 그냥 맛있는 해산물로 여겨지는게 안타까운 동물이구나.

🐟 한국에서는 문어가 인기 있는 해산물이지만, 여러 나라에서는 문어의 생김새만 보고 바다의 괴물로 여기며 기피하기도 해. 모든 생명은 그 자체로 귀하고, 가치가 있는데 말이지. 앞으로 만나 볼 많은 해양 생물들은 복잡한 해양 생태계에서 스스로 먹이가 되기도 하고, 먹이를 잡아 먹기도 하면서 생태계를 인징시키는 중요한 역할을 한단다. 우리 계속해서 신비하고 아름다운 바닷속을 탐험해 볼까?

3장
바다를 터전으로 살아가는 다른 생물들 1

1
귀여운 얼굴에 무서운 독을 숨기고 있는 바다뱀

🐟 시언이 너를 좋아하는 바다 생물들이 엄청 많아. 이미 바다에 소문이 쫙 퍼졌대. 바다는 서로 다 이어져 있어서, 소문이 퍼지는 속도가 엄청 빠르거든.

😀 아 정말? 내가 그렇게 유명해졌다니 하하. 다 투니 너 덕분이야. 앗! 뱀이다!

🐟 너 그거 아니? 대부분의 바다뱀들은 강력한 독을 가지고 있어. 한번 물리면 죽을지도 몰라 후후.

😟 정말? 무서워…. 나한테 점점 다가오고 있어! 나 좀 살려 줘!

🐍 걱정 마. 나도 네 소문을 듣고 한번 관찰해 보려고 찾아온 거니까. 너 같은 애는 살면서 처음 봤거든.

🐟 바다뱀은 사실 성격이 온순하고 호기심이 많은 동물이야. 전 세계에 약 70여 종의 바다뱀이 있는데, 대부분 따뜻한 열대 지방에 살아. 그런데 요새 기후 변화 때문에 한국 주변의 바닷

물 온도가 올라가서, 열대 지방에서 발견되곤 하는 바다뱀들의 출몰이 잦아졌다고 해.

기후 변화가 해양 생태계에 미치는 영향

지난 100년 동안 지구는 역사상 그 어느 때보다 빠른 속도로 더워지고 있어요. 겨울은 짧아지고, 여름은 길어지고 있죠. 비나 눈이 오는 날은 적어지는데 어느 날 갑자기 한꺼번에 많은 양의 비나 눈이 내리는 이상한 날들을 경험하곤 해요. 이런 극단적인 날씨 변화를 이상 기후라고 하고, 지구가 더워지면서 지구의 기후가 변하는 것을 기후 변화라고 한답니다.

해양 생물들은 특정한 온도의 물에서 살아갈 수 있는데, 기후 변화로 인해 바닷물의 온도가 올라가면서 해양 생물들이 차가운 물을 찾아 이동하고 있어요. 우리나라 주변에서 드물게 잡히던 다랑어류들이 요새는 흔히 잡힌다든지, 제주도에서 열대지방에서 발견되는 바다뱀이 자주 출몰한다든지 하는 것이 기후 변화로 인한 해양 생물의 이동의 예라 할 수 있어요.

하지만 산호같이 이동이 어려운 해양 생물들은 어떻게 될까요? 산호초는 바닷물의 온도가 3도만 올라가도 산호초에 영양분을 공급하고 색을 내는 식물성 플랑크톤이 떠나기 때문에, 색이 하얗게 변하는 백화 현상이 일어나게 돼요. 기후 변화로 인해 산호초는 다채로운 색을 잃을 뿐만 아니라, 영양 부족과 질병에 걸리죠. 지난 30여 년간 산호초의 25% 이상이 사라졌다고 해요.

기후 변화를 막기 위해 국제 사회는 기후변화협약(UNFCCC)이라는 국제 환경 협약을 체결 및 추진했어요. 또한 교토의정서라는 협약을 실천하기 위해 선진국들은 기후 변화의 주요 원인인 온실가스를 줄이기 위한 법적 의무를 다짐했습니다. 우리나라는 파리협정 (2015) 체결로 자발적으로 온실가스를 줄이기 위한 계획을 세워 실천하고 있어요. 기후 변화는 전 세계 모두의 문제이기 때문에, 모두가 힘을 합쳐야 해요. 그 힘의 시작은 바로 여러분 한 명 한 명에게서 나온답니다. 기후 변화를 막으려면 나부터 먼저 일상생활에서 아껴 쓰는 습관을 길러 보세요. 물, 전기, 물건 등을 아끼고, 필요한 만큼만 쓰면 에너지를 절약하고 온실가스 배출을 줄일 수 있어요.

다양한 색을 띄는 산호초(출처: Tracy Olive)

백화 현상이 일어난 산호초 (출처: J. Roff, 위키미디어 공용, CC BY-SA 3.0)

🧒 바다뱀이 싫은 건 아니지만, 우리나라 해안에서 발견되면 많은 사람들이 겁을 먹을 거야. 바다뱀의 독은 아주 강력하잖아.

🐟 모든 바다뱀들이 독을 가진 건 아니야. 물고기 알만 먹는 바다뱀들은 움직이지 않는 먹이를 노리니 굳이 독을 쓸 필요가 없겠지? 그리고 독을 가진 바다뱀들은 다행히 성격이 온순해서 물리는 일은 거의 없어. 바다뱀의 독니는 육지뱀들의 독니보다도 훨씬 작아서 너 같은 사람을 물려고 하진 않을 거야.

🧒 그럼 다행이네. 왜 그렇게 강한 독을 가지게 된 거야?

🐟 바다뱀의 독이 강력한 이유는 물속에서 독이 희석되니까 강한 독을 가져야 먹이 사냥에 유리했을 거야. 가장 독이 강한 바다뱀은 갈고리코바다뱀(Hook-nosed sea snake)이라는 종인데, 육지에 사는 코브라의 4배 이상 강한 독을 가지고 있어. 1.5mg의 독으로 성인 22명을 죽일 수 있을 만큼 강한 독이야.

🧒 귀여운 외모 안에 무서운 무기를 숨기고 있구나. 바다뱀은 육지에 사는 뱀보다 혀가 더 짧아서, 더 귀여운 것 같아.

🐟 육지에 사는 뱀들은 혀에 분포한 감각 기관을 통해 먹이를 감지할 수 있기 때문에 혀를 내밀고 다니는 거야. 하지만 물속에서는 이런 감지 능력이 떨어지기 때문에 바다뱀들의 혀가 굳이 길 필요가 없지. 그러니 혀를 내미는 시간도 엄청 짧아.

🐍 정확히 말했어. 나를 일부러 괴롭히지 않는 이상 너를 해칠 생각은 전혀 없어. 이만 가야 해서 다음에 봐!

👧 안녕, 바다뱀. 그런데 투나야, 바다뱀의 꼬리 좀 봐. 꼭 노처럼 생겼어.

🐟 잘 관찰했네. 바다뱀은 대부분의 시간을 물속에서 보내. 그래서 헤엄치기에 유리하도록 몸도 납작하고 지느러미 같은 꼬리를 가졌어. 대신 육지로 올라갔을 때는 잘 움직이지 못해.

👧 바다뱀은 바다에서만 사는 게 아니구나? 육지로도 자주 올라와?

🐟 큰바다뱀류에 속하는 종들은 폐로 호흡하기 때문에 물 위

먹대가리바다뱀(*Hydrophis melanocephalus*)의 모습(출처: Robert Harcourt)

로 올라와서 숨을 쉬어야 해.

🙂 어류처럼 아가미가 있으면 물속에서 숨을 쉴 수 있을 텐데…. 사람처럼 폐로 호흡하려면 물 위로 올라왔다 다시 잠수해야 하는구나.

🐟 이런 녀석들은 번식기에 육지로 올라와서 알을 낳지. 반면 진성바다뱀류에 속한 종들은 피부로도 숨을 쉴 수 있어서, 물속에서 오래 있을 수 있어. 새끼도 물에서 난태생 방식으로 낳는 종이여서 육지 위로 올라올 일이 거의 없어.

🙂 저 바다뱀은 숨을 쉬러 위로 올라가고 있는 거구나.

🐟 바다뱀의 폐는 엄청 커. 자그마치 몸의 길이랑 폐의 길이가 거의 비슷해! 그래서 한 번 잠수하면 오랫동안 숨을 참을 수 있어. 사람들은 1분 이상 숨을 참기가 힘들지? 바다뱀 종류에 따라 다르지만 보통 바다뱀들은 30분 정도는 거뜬히 참을 수 있지.

🙂 바다에는 잠수의 대가들이 넘쳐나구나.

🐟 피부로도 숨을 쉬는 진성바다뱀류는 몇 시간동안 물속에 있을 수 있으니 대단하지? 저 바다뱀은 지금 비가 오는 것 같아서 물 좀 마시러 갔다 오려나 봐.

🙂 바다뱀인데 빗물을 마셔도 괜찮아? 이렇게 물이 넘쳐나

는데, 바다뱀이라고 바닷물을 마실 수 있는 게 아닌가 봐?

🐟 바다뱀에게는 염류선이라는 게 있어. 몸속에 필요 이상의 염분이 쌓이게 되면 염류선을 통해 염분을 배출시켜. 그렇지만 바다뱀들은 완전히 바닷물만 먹고 살 수는 없어서, 비가 오면 빗물이 바닷물에 섞이기 전에 핥아 먹기도 하고, 육지로 올라와서 민물을 찾아 마시기도 해.

😊 그렇구나. 바다 생물이면서 민물을 이용하기도 한다니. 물고기도 바다뱀도 그렇고 해양 생물은 알수록 정말 신기해!

🐟 우리는 지금 오스트레일리아의 대보초라는 세계 최대 산호초 지대에 와 있어. 바다뱀은 주로 산호초가 발달한 열대해에서 살기 때문에 영어로 coral reef snakes(산호초뱀)라고 부르기도 하지.

😊 그러고 보니 우리 주변에 알록달록한 아름다운 산호초들이 가득하다!

🐟 후후, 이곳에서만 발견되는 산호 종류만 400여 종이 되고, 산호초에 의존해서 살아가는 생물은 무려 5,000종 이상이지! 보전 가치가 매우 큰 지역을 나 덕분에 이렇게 자유롭게 돌아다니는 거라구!

장수하는 바다거북의 삶을 위협하는 환경 변화

산호초에 숨어서 휴식을 취하는 푸른바다거북(출처: Tracy Olive)

🐟 바다뱀처럼 바다도 육지도 필요한 해양 생물이 또 있어. 저기 산호초 아래를 자세히 볼래?

👦 바다거북이네! 거기서 뭐해?

🐢 그냥 쉬는 중이야. 난 육지 거북처럼 머리나 발을 등껍질 속으로 숨길 수 없어. 그래서 이렇게 산호초 틈에 있어야 마음

놓고 안전하게 쉴 수가 있거든. 그럴 때면 숨을 장소를 찾지 않아도 되는 육지 거북들이 부럽다니까.

🙂 그러고 보니 넌 육지 거북이들과는 다르게 발도 노처럼 생겼구나?

🐢 난 육지 거북이랑은 다르게 다리와 발톱이 없어. 대신 이 물갈퀴로 바닷속을 헤엄쳐 다니지! 이 몸의 물갈퀴가 부럽지?

🙂 나도 이 양손으로 수영을 잘하거든? 흥! 바다거북은 알을 낳기 위해 육지로 올라간다고 들었는데, 그런 물갈퀴로는 육지에서 움직이기가 어려울 것 같아.

🐟 맞아. 거북이마다 다르겠지만, 보통 바다거북은 시속 2~10km로 수영할 수 있으니, 보통 수영 선수보다 더 빠르다고 할 수 있지. 하지만 육지로 올라오면, 움직임이 형편없어. 알을 낳을 적합한 장소를 찾을 때까지 몇 시간이 걸릴 수도 있지. 게다가 바다거북은 빛이나 소음에 민감하기 때문에 한적한 바닷가가 아니면 번식할 수가 없어.

🙂 무분별한 개발로 바닷가 주변이 혼잡해지면 바다거북들이 살기 어려워지겠네?

🐟 맞아. 요즘 세상은 바다거북들이 살기 힘든 세상이야. 너 이렇게 큰 바다거북이 얼마나 많은 위험을 헤치고 살아남았는

지 알고 있니?

🧒 바다거북은 장수하는 동물로 유명하잖아. 그렇게 오래 살기가 힘든 거였어?

🐟 바다거북의 수명은 보통 50~100년 정도로 알려져 있지. 바다거북은 태어난 지 20~30년이 되어야 번식을 할 수 있어. 그런데 그때까지 살 수 있는 바다거북은 1,000마리 중 몇 마리밖에 안 돼.

🧒 그렇게 살아날 확률이 낮은 거야?

🐟 그럼! 왜냐하면 태어날 때부터 생존을 위한 사투가 연이어 펼쳐지거든. 종류에 따라 다르지만 보통 바다거북은 알을 낳을 때 한 번에 수십 개에서 100개 정도의 알을 낳아. 그럼 새끼는 40~60일 뒤에 부화를 해.

🧒 엄마 거북이 알을 품고 보살펴 주지 않아? 나도 태어나기 전부터 엄마 아빠의 보호를 받아서 무사히 태어났는데.

🐟 그러면 좋지만, 바다거북은 알을 낳고 바다로 돌아가. 모래를 파고 알을 낳는데 모래 속의 열을 통해서 알이 품어지도록 하거든. 엄마 없이 스스로 태어나 스스로 사는 힘든 삶을 산단다.

🧒 그렇구나…. 이야기를 들으니 엄마 아빠의 소중함을 알겠어.

🐟 그러니까 태어나기 전부터 지금까지 시언이를 위해 헌신한 엄마 아빠 말을 좀 잘 들어야겠지? 바다거북은 태어나서부터도 죽을 위기에 처해. 일단 걷는 데에 적합하지 않은 물갈퀴로 모래를 헤치고 바다로 가. 이때 모래 속에 숨어 있는 게가 갑자기 나와서 모래 속으로 끌어가기도 하고, 하늘에서는 바닷새들이 호시탐탐 엿보다가 거북이들을 낚아채 가기도 하지. 그래서 대부분의 바다거북은 포식자들을 피해 밤에 이동을 한다고 해.

👧 그렇구나. 그런데 해변에 조명이 있으면, 새끼 거북이들이 혼란스럽겠네?

🐟 당연하지. 그렇게 되면 새끼 거북이들은 길을 잃고 도로에 올라갔다가 차에 밟히기도 하고, 하수구에 빠지기도 해.

막 태어난 새끼 거북이들이 바다를 향해 열심히 기어간다(출처: Danielle Conroy).

🧒 바다거북들은 자기가 태어난 곳으로 다시 돌아가서 번식하는 귀소본능이 있다고 들었어. 태어난 후 겨우 살아남아서, 알을 낳으러 고향으로 갔는데 그곳이 더 이상 번식하기에 적합한 곳이 아니라면 너무 슬프겠다….

🐟 그래서 바다거북의 번식지를 보존하는 게 중요해. 바다거북은 지구 온난화의 피해자이기도 해. 모래의 온도가 거북이의 성별을 결정하는데, 보통 온도가 높을수록 암컷이 태어날 확률이 높아져.

🧒 그럼 지구의 온도가 계속 증가하면, 암컷만 태어나겠네?

🐟 응. 암컷과 수컷의 비율이 맞아야 거북이들이 잘 번식할 수 있잖아. 그런데 암컷들만 태어나게 되면, 번식할 수 있는 수컷의 비율이 적어져서 거북이들의 개체 수가 급격히 줄어들 거야.

🧒 정말 슬프다. 무분별한 개발, 기후 변화. 둘 다 사람들에 의해서 생기는 거잖아.

🐟 그 뿐만 아니라고. 육지에서 살아남아 바다로 갔다 하더라도, 바다에서 살아남기가 여간 힘든 게 아니야. 사람들이 버린 쓰레기들도 바다거북을 위협하는 요인이야.

🧒 플라스틱 같은 거 말이야?

🐟 응. 특히 바다거북은 해파리를 먹는 걸 좋아하는데, 플라스틱 봉지는 꼭 해파리 같이 보여서 문제가 돼. 플라스틱은 분해가 잘 되지 않는 화학물질인데, 그런 걸 먹이인줄 알고 착각해서 먹으면 몸 밖으로 배출이 되지 않아 배가 꽉 차게 되지. 그럼 진짜 영양가 있는 먹이는 먹을 수가 없어 죽게 되는 거야. 또 어선에서 버려진 그물 같은 것에 걸려서 죽기도 하고.

👧 그물은 바다에서 물고기를 잡는 도구인데, 어부들이 그물을 왜 버려?

🐟 어부들이 손상되어 쓸 수 없는 어구를 고의로 버리거나, 암초나 바위에 걸려서 끊어져 버리는 경우가 있어. 바람이나 파도 때문에 그물이 배에서 떨어지는 사고도 있고. 이렇게 바다로 빠져버린 그물이나 어구들은 '유령 어업'이라는 현상을 일으켜.

👧 유령 그물 속에 갇혀 굶어 죽는 생물들을 생각하니 너무 슬프다.

🐟 연구에 따르면, 매년 수십만 톤의 그물이 바다에 버려진다고 해. 물고기 뿐만 아니라, 바다거북과 바닷새들도 걸려서 큰일이야.

👧 어부들도 그물을 잃어버리면 물고기를 못 잡게 되고 경제적으로 큰 손해를 입겠는걸?

🐟 그러니 어부들은 그물을 잘 관리해야 하고 버려진 그물을 찾아 치우는 노력이 필요해.

👦 이런 많은 위협 요소를 헤치고 살아남은 거북이를 만난 건 정말 행운이구나. 이제부터 바다거북이들을 위해서 플라스틱 제품 사용을 줄이고, 어구를 비롯한 해양 쓰레기들을 줍는 바다 청소에도 참여해야겠다.

🐟 좋은 생각이야! 육지로 돌아가면 너의 생각을 잊지 말고 꼭 실천하길!

바다 생태계를 위협하는 플라스틱 오염

1950년대부터 대중적으로 사용되기 시작한 플라스틱은 자연적으로 분해되지 않기 때문에, 쓰고 버리면 지구 어딘가에 계속 존재하게 되요. 특히 많은 플라스틱 쓰레기들이 바다로 유입되는데, 2050년이면 바다에 물고기보다 플라스틱이 더 많을 것이라는 예측을 할 정도예요. 이런 플라스틱 오염은 해양 생물에 나쁜 영향을 끼쳐요. 바다거북은 플라스틱 봉지를 해파리인 줄 알고 삼키고, 바닷새나 고래들도 플라스틱 조각을 먹이로 착각한다고 해요.

어업 활동도 플라스틱 오염의 주범인데, 일부러 또는 실수로 버려진 어구에 걸려 많은 해양 생물이 죽고 있어요. 이런 큰 규모의 플라스틱뿐만 아니라 작은 미세플라스틱도 큰 문제인데, 합성섬유로 만든 옷을 세탁기에 돌릴 때 미세플라스틱이 하수구로 흘러 들어가 생태계에 영향을 미친답니다.

플라스틱을 먹은 동물은 면역 반응과 생식 능력이 감소되고, 장기가 손상되어 죽을 수도 있어요. 특히 미세플라스틱을 먹은 플랑크톤이 물고기에게 먹히고, 그 물고기를 사람이 먹으면, 생태계를 돌고 돌아 사람에게 다시 오는 거예요. 플라스틱의 위협에서 벗어나기 위해 우리는 어떤 노력을 해야 할까요? 먼저 불필요한 플라스틱 사용을 최대한 하지 말고, 친환경적인 방법으로 물건이나 식품을 생산하는 기업들을 지지해 보면 어떨까요?

플라스틱 봉지를 먹으려는 바다거북(출처: 셔터스톡)

약 4,000~10,000마리의 바다거북들이 어업에 의해 고의 또는 실수로 버려진 그물에 걸린다(출처: 셔터스톡)

사람이 만든 플라스틱이 다시 사람에게 돌아오는 과정

바다, 육지, 하늘을 오고 가는 바닷새

광란의 먹이 사냥 (출처: Allen Walker)

🧒 투니야, 우리가 지금 있는 바다는 어디 쪽에 있는 바다야?

🐟 우린 지금 오스트레일리아의 시드니를 막 지난 거 같아. 동오스트레일리아 해류를 타고 남쪽으로 내려가고 있어. 영화 〈니모를 찾아서〉 알지?

🧒 어! 니모가 시드니에 있는 치과의 수족관에 갇혀 있을 때, 니모의 아빠가 그레이트배리어리프에서 거북이를 타고 동오

스트레일리아 해류를 타고 시드니로 갔지. 우리도 벌써 한반도를 떠나서 이렇게 멀리까지 왔구나. 앗, 저기 큰 공 같은 건 뭐지? 설마 플라스틱 쓰레기인가? 해양 생물들이 먹기 전에 얼른 가 보자.

🐟 저건 플라스틱 쓰레기가 아니라 정어리 떼야. 작은 물고기들이 이 험난한 바다에서 살아남기 위한 방법으로, 떼로 모여 있는 거야. 그럼 마치 큰 물고기인 것처럼 보여서 포식자에게 겁을 줄 수 있거든. 하지만, 움직임에 민감한 상어에게 곧 들키고 말 거야.

👧 정말로 상어들이 나타나서 정어리를 공격하고 있어.

🐟 그래도 저렇게 갑자기 흩어지면서 포식자를 혼란스럽게 만들기 때문에 혼자 다니는 것보다 무리를 지어서 있는 게 더 유리해.

👧 작은 물고기들도 나름의 지혜를 가지고 멋있게 살아가고 있구나. 이건 또 왠 난리야? 갑자기 총알이 쏟아져 내려오는 것 같아!

🐟 가넷이라는 새들이야. 순간 속력이 시속 96km로 다이빙해서 정어리 떼를 습격하는 거야. 이런 정어리 떼들이 물속 상어들의 공격에만 정신을 쏟고 있다가 물 밖의 포식자들에게 속

절없이 당하고 말았어. 가넷은 공중을 날아다니다가 저렇게 상어나 돌고래에 의해 작은 물고기 떼가 수면 가까이로 올라오게 되면 날개를 몸에 바짝 붙이고 물속으로 들어와. 저 뾰족한 부리는 물을 가르는 칼 같지 않니?

🧒 그러네. 그런데 저렇게 다이빙을 하면 아프지 않을까? 나도 요새 다이빙 연습을 하는 중인데, 잘못 하면 물안경도 벗겨지고, 코에 물도 들어오고, 충격 때문에 얼굴이 얼얼하던데….

🐟 그건 걱정할 필요 없어. 가넷의 머리와 가슴에는 공기 주머니가 있어서 다이빙할 때 충격을 흡수해 주거든. 마치 너희들이 몰고 다니는 차에 있는 에어백 같은 거야. 그리고 사람과 달리 가넷의 숨구멍은 부리에 숨겨져 있어서 물이 들어가는 것을 막을 수 있어.

🧒 어쩐지…. 새들은 코가 없어서 숨을 어디로 쉬나 궁금했어.

🐟 바닷새마다 숨구멍이 다르게 생겼다는 걸 알고 있니? 알바트로스 같이 잠수를 안 하는 새들은 그냥 구멍 두 개가 부리 위에 너의 콧구멍 비슷하게 뚫려 있어. 반면 바다제비류는 긴 관 모양의 숨구멍을 가지고 있어. 모양은 다 다르지만 이 구멍을 통해 냄새를 맡고 염류선에서 배출한 소금기를 빼내.

🧒 바다뱀이나 바다거북처럼 염류선에서 바닷물의 소금을 걸러내고, 콧구멍을 통해 몸밖으로 빼내는 거구나.

🐟 응. 또 비슷한 점은 바닷새들도 바다와 육지 둘 다 필요하다는 거야.

뾰족한 회색 부리와 오렌지색 머리를 가진 가넷(출처: Robert Harcourt)

동그란 모양의 콧구멍을 가진 알바트로스와 관모양의 콧구멍을 가진 바다제비

🧒 내가 맞춰 볼게. 육지가 필요할 때는 번식할 때인 거지? 바닷새들도 알을 낳아서 품어야 할 거 아냐.

🐟 정확해! 바닷새들은 육지 새와 비교했을 때 알을 적게 낳는 편이야. 알바트로스나 바다제비 같은 새들은 한번에 알을 하나만 낳아.

🧒 알바트로스라면, 아빠한테 들었는데 세상에서 제일 큰 날개를 가진 새 아니야?

🐟 맞아. 큰 알바트로스의 날개 길이는 3.5m로, 축구 골대 높이만큼 큰 새지. 보통 큰 새일수록 큰 알을 낳고, 알이 클수록

품고 있는 기간도 길어져. 알바트로스 같이 큰 새들은 70~80일 동안 알을 품고 바다제비들은 30~60일 정도 알을 품고 있어야 된대.

🙂 그럼 그동안에는 밥도 제대로 못 먹고, 잠도 제대로 못 자고 알만 지키겠네?

🐟 이런 새들은 알을 품는 동안에는 먹이를 먹지 않아. 수컷이 알을 품고 있을 때는 암컷이 바다에서 먹이 사냥을 해서 에너지를 비축해 오고, 암컷이 돌아오면 암컷이 알을 품고 수컷이 바다로 나가지. 새끼가 태어난 후에도 고생이야. 험난한 바다에서 스스로 먹이를 사냥할 때까지 먹이를 계속 가져다줘야 하거든. 새에 따라서 짧게는 3개월, 길게는 6~7개월을 가져다줘. 새끼 새가 무럭무럭 자랄 동안, 부모 새의 몸무게는 엄청 줄어든대.

🙂 한 마리의 새가 태어날 때까지 부모 새들의 고생이 많구나. 부모님의 자식을 위한 희생과 사랑은 사람이나 바닷새나 정말 위대한 거 같아!

🐟 삼깐 수년으로 올라가 볼까? 저기 바닷새들이 울면서 너를 환영해 주고 있어.

🙂 와! 이렇게 격한 환영은 처음이야! 바닷새 울음소리는 참

알바트로스의 한 종류인 검은눈썹알바트로스.
좌우로 긴 날개가 인상적이다(출처: Robert Harcourt).

새나 오리랑은 또 다르구나.

🐟 같은 종류의 새라도 상황에 따라서 소리가 다르기도 해. 만약 우리가 아니라 위험한 존재가 다가오면 고음의 소리를 내서 위험을 알려. 또 짝짓기를 할 때 수컷은 낮은 음의 노래를 만들기도 하지.

👦 바닷새들은 집단으로 번식한다고 들었는데 여러 마리의 새들이 한꺼번에 지저귀면 너무 시끄럽지 않을까?

🐟 맞아. 그래서 소리뿐 아니라 냄새도 이용해서 자기 짝과 새끼를 구분하기도 한대. 바닷새들은 육지에서 사는 새들에 비

해 후각이 굉장히 발달해 있거든. 그런 후각은 먹이를 찾는 데도 유리하지. 끝이 보이지 않는 바다에서 냄새에 의존해 물고기 떼를 찾는 능력, 부럽지 않아?

🙂 먹이를 못 찾아서 굶진 않을 거 같아. 대단해!

🐟 안타깝게도 바닷새들이 굶어 죽는 경우가 있어. 바다의 물고기들이 점점 줄어 들고 있어서 바닷새들이 먹이를 충분히 못 구하는 경우가 생긴단다. 바다거북이처럼 바닷새들도 플라스틱을 먹이인 줄 착각하고 먹는 경우도 있고.

🙂 바닷새들도 유령 어업에 걸려 죽는다는 것도 기억나.

🐟 맞아. 유령 어업 뿐만 아니라 혼획에 의한 바닷새의 사망률도 큰 문제란다.

🙂 혼획이 무슨 뜻이지?

🐟 혼획은 어업에서 목표로 하는 종이 아니라 원치 않게 잡히는 것을 말하는데, 부수 어획이라고도 불린단. 특히 알바트스로는 다랑어를 잡는 원양 어선에서 많이 혼획되는 종인데, 알바트로스 22종 중 15종이 멸종위기종으로 등록되는데 혼획이 주된 이유로 꼽히시.

🙂 알바트로스들이 어떻게 해서 혼획되는지 자세히 설명해 줘.

🐟 원양 다랑어 연승 어업은 3000개가 넘는 낚시 바늘을 바

다에 던지는데, 미끼로 사용하는 오징어나 생선의 크기가 알바트로스들이 먹기 좋은 사이즈일 뿐만 아니라, 알바트로스 입장에서는 살아 움직이는 먹이를 쫒아 다니는 것보다, 배에서 던져주는 먹이를 먹는게 훨씬 쉬운 거지.

🧑 뾰족한 낚시 바늘은 보지 못하고, 배에서 던지는 미끼에 유혹되어 버리는 안타까운 일이구나. 그런데 어부들도 물고기를 잡고 싶지 바닷새를 잡고 싶지 않을 텐데…. 혼획을 줄이려면 어떻게 해야 해?

🐟 어업의 종류에 따라 혼획을 줄이기 위한 조치가 다르지만 원리는 같아. 바닷새들이 어구에 접근하지 못하도록 하는 것이 키야. 바닷새들이 어구에 접근하지 못하도록 바닷새 퇴치 줄을 부착하는 방법이 가장 흔한 방법이야. 또, 대부분의 바닷새들이 낮에 먹이 사냥을 하고, 밤에는 잘 활동하지 않기 때문에 어두운 밤에 조업을 하는 방법도 있고, 낚시에 무게추를 부착하여, 바닷새가 접근하기 전에 깊은 곳으로 빨리 빠뜨리는 방법도 있단다.

🧑 어부들이 바닷새 혼획 저감 조치를 잘 사용해서 불필요하게 바닷새들이 죽는 일을 막아야겠어.

출처 : The Agreement on the Conservation of Albatrosses and Petrels

해양 생물의 번식지로서 중요한 섬

바다 한가운데 있는 섬은 사방이 바다로 둘러싸여 있어, 고립된 지역이에요. 이런 섬은 바다뱀이나 바다거북 같은 해양 파충류와 바닷새 같은 해양 조류, 물범 같은 해양 포유류들이 번식 및 휴식을 할 수 있는 공간을 제공해 주죠.

그런데 최근에 들어서는 이런 섬에 고양이나 쥐와 같은 외래종이 침입하여 섬 생태계를 파괴하고 있어요. 한국의 천연기념물로 지정되어 있고, 멸종위기 야생생물 2급으로 지정된 뿔쇠오리라는 바닷새는 남쪽에 있는 마라도에서 번식하고 있는데, 이 섬에 쥐를 잡기 위해 데려온 고양이가 뿔쇠오리를 잡아 먹고 있어 고양이를 섬 밖으로 내보낼 필요가 있어요. 다른 나라의 경우, 남아프리카공화국의 마리온섬에 쥐들이 침입하여 멸종위기종인 큰알바트로스를 더욱 위협에 빠뜨리고 있어요.

뿔쇠오리 새끼(출처: 박창욱)

이러한 피해는 특히 사람들이 살고 있거나 방문이 잦은 지역에서 심해요. 그래서 해양 생물들은 사람이 살지 않는 무인도로 모이고 있어요. 대표적인 곳이 한국의 칠발도예요. 무인도인 칠발도는 바다제비, 슴새, 칼새의 번식지로서 섬 자체가 천연기념물로 지정되어 보호받고 있어요. 약 1만 쌍의 바다제비가 번식하고 있답니다. 전 세계 바다제비 개체군의 약 75%가 우리나라에서 번식하고 있대요. 멸종위기종인 바다제비의 보호를 위한 우리나라의 역할이 매우 크겠죠?

주요 바닷새 번식지로서 천연기념물로 지정된 전라도 신안군 칠발도

칠발도에서 태어난 바다제비 새끼(출처: 김유나)

4장
바다를 터전으로 살아가는 다른 생물들 2

1
추운 극지에서 따뜻한 바다로, 새끼를 키우기 위한 혹등고래의 긴 여정

🐟 우린 이제 남태평양의 남쪽 끝, 오스트레일리아와 뉴질랜드 사이에 있는 태스먼해에 다다랐어. 여기서 남극순환류를 타면 남극으로 갈 수 있지!

👧 와, 아직도 태평양에 있는 거야? 태평양은 도대체 얼마나 큰 거야?

🐟 놀라지 마시라! 태평양은 약 165,200,000㎢이나 되는 면적이야. 지구의 모든 육지를 합쳐도 태평양의 면적보다는 작지. 태평양은 지구 표면적 전체의 3분의 1, 지구 바다의 절반을 차지한다고!

👧 대단하다! 이곳에는 어떤 친구들이 살까? 이 아름다운 소리는 어디서 나는 거지? 아무것도 보이지 않는데?

🐟 혹등고래의 노랫소리야. 혹등고래는 무리를 지어 다니는데, 같은 무리에 있는 수컷 고래들은 같은 노래를 부르지만 이

노래는 번식기가 바뀔 때마다 다른 노래로 바뀌어. 고래들의 노래는 태평양 내에서 서쪽에서 동쪽으로 전파된대.

🧑 K팝이 전 세계로 나아가듯이, 서쪽 고래들의 유행가가 동쪽 고래들 사이에서도 유행하는 건가 봐. 그런데 고래들이 노래를 부르는 이유는 뭐야?

🐟 나도 궁금해. 번식기 때 암컷을 유혹하기 위한 것일 수도 있고, 경쟁자를 쫓아 버리기 위한 걸 수도 있고…. 아직까지 특별한 이유가 밝혀지지 않았어. 오늘 고래 친구들을 만나면 물어볼까?

🧑 번식기 때만 노래를 부르는 거야?

🐟 그것도 아니야. 예전에는 그렇게 생각했지만 최근에는 혹등고래의 개체 수가 증가한 데 반해 노래하는 수컷의 수가 감소했다는 연구 결과가 있어. 이를 토대로 노래를 하면 다른 수컷들이 모여들어 경쟁이 오히려 치열해지니까 노래를 안 하는 수컷이 늘고 있는 것 같다고도 해.

이 혹등고래들은 남극해 차가운 물에서 살다가, 번식을 위해 따뜻한 바다를 찾아 북쪽으로 올라가고 있는 거야. 이렇게 먼 거리를 함께 이동하려면 서로 소리를 내어 길이나 위험을 알려 주기도 하지. 다양한 이유에서 소리를 내는 건 확실해.

🧒 차가운 물에서 잘 살 수 있는데, 왜 굳이 따뜻한 바다로 먼 거리를 이동할까?

🐟 성체들은 피하 지방이 두꺼워서 차가운 물에서도 문제가 없지만, 갓 태어난 새끼들은 피하 지방이 제대로 축적되지 않기 때문에, 차가운 물에서 문제가 있을 수 있거든. 그래서 따뜻한 물로 이동하는 게 아닐까? 인간들도 아기 때는 연약하기 때문에 기온 변화에도 민감하고 감기에도 쉽게 걸리잖아.

🧒 그렇구나. 어? 저기 새끼 고래가 보여!

🐟 저 새끼는 3~4m 정도 되겠다. 무게는 1톤 정도야. 그 옆에 있는 어미는 15m 정도 되고, 무게는 25톤 정도 되겠다.

혹등고래 어미와 새끼(출처: Robert Harcourt)

🙂 새끼도 엄청 크구나. 혹등고래는 포유류니까 젖을 먹겠네?

🐟 새끼는 약 1년 정도 젖을 먹어. 고래의 젖은 45~60%가 지방이야. 근데 정말 신기한 건, 젖먹이 기간 동안, 새끼는 하루에 250L의 젖을 먹는데 엄마는 아무것도 먹지 않는다는 거야.

🙂 그게 어떻게 가능해?

🐟 남극해에서 여름을 날 때 혹등고래는 주로 크릴새우라는 영양가 높은 갑각류를 먹어. 하루에 1300~2200kg의 먹이를 먹어 치우지. 특히 암컷은 번식하기 전에 엄청 먹어대기 시작하는데 몸에 지방을 축적해서 번식을 준비하는 거야. 따뜻한 바다로 이동하면 고래들이 먹을 수 있는 먹이가 없거든. 그래서 그런지 암컷이 수컷보다 덩치가 훨씬 커. 고래들은 번식도 2~3년에 한 번밖에 안 해.

🙂 그럼 이제 새끼가 태어났으니, 빨리 다시 남극해로 가서 먹이를 먹어야겠네?

🐟 남극해에서 1월에 출발한 암컷은 거의 6개월이 걸려 열대해에 도착해서 새끼를 낳아. 물론 다시 남극으로 돌아갈 때는 빨리 가면 좋겠지만, 엄마 고래는 아기 고래한테 젖도 먹여야 하고, 신호를 전달하는 법이나 사냥하는 법을 가르치면서

가야 해. 한편 아빠 고래는 엄마 고래와 아기 고래를 보호하는 역할을 해. 혹등고래 같은 고래는 덩치가 커서 성체는 위협을 받을 일이 적지만, 아기 고래는 범고래 같은 포식자들이 노리기 쉽거든.

😊 엄마 아빠의 희생이 대단하다. 험난한 바다에서 살아남기가 쉽지 않구나. 바다는 조용하고 평화로운 곳인 줄로만 알았는데.

🐟 맞아. 그렇지만 너도 봤듯이 바닷속은 험난하면서도 아름다운 곳이잖아. 우리 저 고래들을 따라 남쪽으로 이동해 볼까?

😊 남극해로? 좋아!

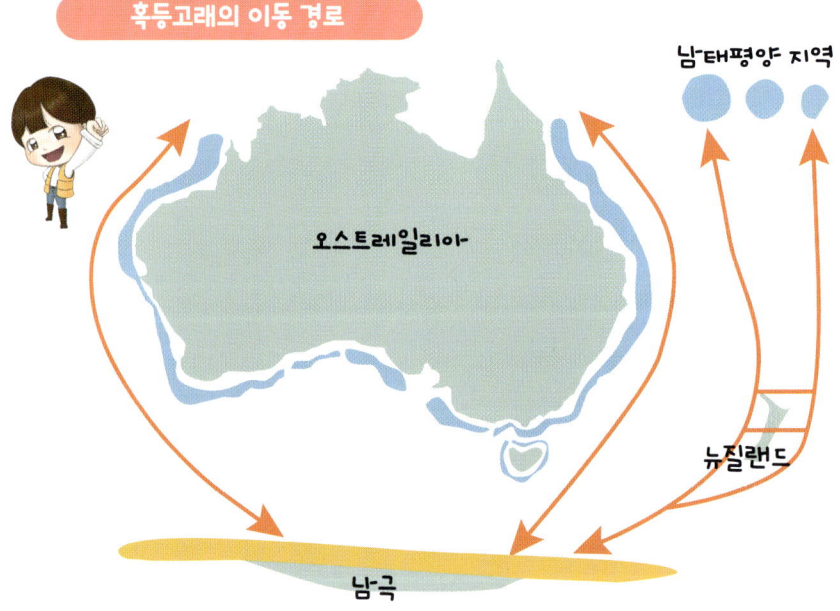

혹등고래의 이동 경로

남극해의 갑각류, 크릴새우의 중요성

더듬이 2쌍이 있으며, 딱딱한 껍데기로 몸이 쌓여 있는 동물을 갑각류라고 해요. 갑각류 대부분은 물 속에 사는데 몸은 머리, 가슴, 배로 나누어지고 다리도 있어요. 게, 새우, 가재, 크릴새우 등이 갑각류에 속한답니다.

그중 크릴새우는 추운 극지방에서 주로 발견되는 작은 생물이에요. 크기는 작지만 영양가가 높고, 어마어마한 개체 수가 떼로 몰려다니기 때문에, 척박한 극지방의 생물들에게 훌륭한 먹잇감이 된답니다. 크릴새우는 남극 생태계, 나아가서는 바다 생태계에서 매우 중요한 역할을 하는 생물이에요. 먹이 사슬의 가장 아래에 있기 때문에 작은 물고기부터 고래까지 많은 바다생물들이 크릴새우를 주 에너지원으로 삼고 있어요.

특히 남극해에 살아서 남극크릴이라고 불리는 종은 약 379,000,000톤이 있다고 추정되는데 어마어마한 양이랍니다. 이런 크릴새우가 지구 온난화와 남획의 영향으로 최근 그 수가 감소하고 있다고 해요. 남극크릴의 숫자가 감소하면, 남극크릴을 주식으로 하는 고래, 펭귄, 바닷새들이 먹이 부족으로 고통받고 멸종에 이를지도 몰라요. 우리나라는 일본, 미국 등과 함께 크릴새우를 어획하는 주요 국가 중 하나인데, 중요한 생물 자원인 크릴새우에 관심을 가지고 보호하도록 노력해야 해요.

새우와 비슷하게 생겨 크릴새우라고 불리는 이 갑각류는 많은 해양 생물의 먹잇감이 되는 중요한 생물이다(출처: 위키미디어).

이빨고래와 수염고래

고래는 이빨을 가진 이빨고래류와 수염을 지닌 수염고래류로 나누어져요. 이빨고래는 태어난 뒤 반드시 이가 나는 고래예요. 이빨의 개수는 종마다 달라요. 향유고래는 살아있는 이빨고래 중 몸이 제일 큰데 이빨도 제일 크다고 해요. 향유고래의 이빨 길이는 보통 10~20cm로 뾰족한 이빨로 유명한 백상아리의 길이가 6cm 정도인 것과 비교해도 훨씬 길죠. 이렇게 긴 이빨로 보통 오징어류를 잡아먹는답니다. 이빨고래들은 이빨을 이용해 먹이를 잡기만 하고, 씹지 않고 통째로 삼켜 버린다고 해요.

수염고래는 태어나기 전에 이빨이 퇴화되고, 대신 단백질 성분인 케라틴으로 된 수염 조직을 가지고 태어나요. 수염고래가 먹이를 먹는 방법은 먼저 입 속으로 바닷물을 빨아들인 다음, 물과 함께 들어온 작은 물고기나 새우 같은 먹이를 수염을 통해 거른 후 삼키는 거예요.

이빨고래와 수염고래의 다른 차이점은 분기공의 개수예요. 분기공이란, 포유류인 고래들이 숨을 쉬는 구멍이에요. 이빨고래의 분기공은 하나인 반면 수염고래의 분기공은 2개랍니다. 이빨고래류에는 76종이 속한 반면 수염고래류에는 14종밖에 없는데, 향유고래를 빼면 대부분의 이빨고래는 수염고래보다 훨씬 작아요.

이빨고래류에 속하는
향유고래 이빨
(출처: Chris Masna)

이빨고래류에 속하는 벨루가고래. 분기공이 하나이다(출처: 셔터스톡).

수염고래류인 혹등고래의 수염. 은색 빗자루처럼 보이는 부분이 수염이다
(출처: Robert Harcourt).

혹등고래가 분기공을 통해 물을 내뿜는 모습(출처: Robert Harcourt).

펭귄의 날개는 나는 용도가 아니라 헤엄치는 용도!

🧒 점점 물이 차가워지고 있어. 우린 언제쯤 남극에 도착할까?

🐟 저기 젠투펭귄이 보이는 걸 보니, 우린 벌써 남극에 도착한 것 같은데?

🧒 와, 펭귄이다! 펭귄은 남극에서만 볼 수 있지?

🐟 남극에서만 볼 수 있는 건 아니지만, 남극하면 펭귄이고 북극하면 북극곰 아니겠어? 펭귄은 포유류가 아니라 조류라는 건 알고 있지?

🧒 그럼! 날지는 못하지만, 날개와 깃털이 있고, 알을 낳는 엄연한 조류지. 그런데 이 펭귄들 엄청 빠르게 수영하고 있어.

🐟 젠투펭귄이라는 녀석이야. 이 젠투펭귄은 수영 속도로 치자면 펭귄들 중 최고야. 최대 시속 38km까지 낼 수 있는, 펭귄 중에 가장 빠르게 수영하는 녀석들이지. 저 유선형 몸은 수영하는 데 적합할 뿐 아니라, 물속에서 퍼덕이며 추진력을 내는 데에도 좋아. 또 물갈퀴가 있는 발과 긴 꼬리로 방향을 바꿀 수 있지.

돌로 만든 둥지에서 새끼를 품고 있는 젠투펭귄(출처: 김유나)

펭귄들의 종류에 따른 크기

🙍 펭귄은 귀엽다고만 생각했는데, 저렇게 빠르게 먹이 사냥을 하는 모습을 보니 좀 무서워 보여.

🐟 너가 잘 모르는구나? 젠투펭귄은 사실 온순한 편이야. 무서운 펭귄은 바로 저 턱끈펭귄이야. 턱끈펭귄은 흰 얼굴에 난 검은 깃털들이 마치 끈처럼 보인다고 해서 붙은 이름이야. 젠투펭귄보다는 작지만 굉장히 공격적인 녀석이거든. 가까이 가면 부리로 쪼아대거나 날개 공격을 할걸? 얼마나 무섭냐면 젠투펭귄과 턱끈펭귄은 비슷한 시기에 번식하는데, 가끔 성질이 사나운 턱끈펭귄한테 젠투펭귄이 밀려 번식 둥지를 잃기도 한대.

🙍 턱끈펭귄의 웃는 모습에 속으면 안 되겠구나. 그런데 여기가 펭귄들의 번식지야? 눈 덮인 곳을 상상했는데, 여긴 돌밭이네?

턱끈펭귄(출처: 김유나)

🐟 돌들로 둥지를 만들기도 하고 수컷 펭귄은 암컷에게 예쁜 돌을 구해 선물로 주기도 해. 추운 겨울 눈 위에 번식하는 펭귄은 황제펭귄 밖에 없어. 남극의 혹한 겨울에는 천적이 없기 때문에 추운 겨울에 번식을 하는 거라고 추측을 하지만, 차가운 눈 밭에서 알을 품는 건 상당히 어려운 일이야.

👧 주변에 천적만 없는게 아니라, 먹이도 없는거 아니야?

🐟 맞아. 눈만 먹으면서 수컷 황제펭귄이 알을 품는데, 차가운 얼음 위에 알을 놓으면 그냥 얼어버리겠지? 그래서 하나의 알을 발 등 위에 놓고 애지중지 품는데, 초보 아빠들은 실수로 알을 떨어뜨리기 쉽상이야. 실제로 새끼가 태어날 확률은 60% 정도밖에 되지 않아.

황제펭귄의 모습(출처: 고영욱)

🧑 그래서 젠투펭귄과 턱끈펭귄은 얼음이 녹는 여름에 알을 낳는 건가? 앗! 저 갈매기가 펭귄 알을 먹고 있어! 안 돼! 소중한 알을 건드리지 마!

🐟 도둑갈매기들이군! 괜히 이름이 도둑갈매기라고 붙은 게 아니야. 저 갈매기는 펭귄들의 알을 훔쳐 먹을 뿐만 아니라, 어린 새끼들도 잡아먹어. 물론 자기 새끼들을 키우기 위해서 그러니 어쩔 수 없지만 말이야.

🧑 이렇게 천적들이 있으니 새끼들이 태어나도 부모들이 잘 지켜 줘야겠다.

펭귄을 잡아 먹는다고 도둑갈매기를 너무 미워하지는 말기를 바란다. 도둑갈매기도 예쁜 새끼에게 영양가 있는 먹이를 주기 위해서 잡아먹는 것이다(출처: 김유나).

도둑갈매기 새끼(출처: 김유나)

🐧 맞아. 여름에 알을 낳는다고 쉬운 일은 아니지? 젠투펭귄이나 턱끈펭귄은 보통 알을 2개를 낳아서 암컷과 수컷이 교대로 품어. 펭귄 새끼들이 태어나면 처음에는 부모 중 한 마리는 새끼 곁을 지키고 다른 한 마리는 바다에서 먹이를 가져와. 그러다가 한 달 정도가 지나면 부모 둘 다 바다로 나가 먹이를 구해 와. 새끼들은 새끼들끼리만 남겨지게 되지.

👧 그 사이에 도둑갈매기한테 잡아먹히면 어떡해?

🐧 그래서 펭귄 유치원이 있는 거야. 따로 남게 된 펭귄 새끼들은 다수로 모여서 무리를 이루어. 몇몇 어른 펭귄들이 남겨진 새끼 펭귄들의 무리를 지키기도 하는데, 마치 아이들을 유

치원에 두고 일을 가는 것 같다고 해서 펭귄 유치원이라 불리지. 그런데 부모들이 다시 돌아오면, 새끼한테 먹이를 바로 주는 게 아니라 일종의 시합을 해.

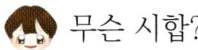 무슨 시합?

🐟 먹이를 가져와서 바로 주는 게 아니라 달리기 시합을 시켜. 그럼 새끼들이 어미를 따라 달리지. 더 끈질기게 자기를 따라오는 새끼를 더 배고픈 새끼로 판단하여 그 새끼한테 먼저 먹이를 주는 거야. 척박한 야생에서는 모두를 잘 키울 수는 없으니까 가장 건강하고 끈질긴 새끼한테 집중하는 거야. 안타깝기도 하지만 야생에서 종족을 보전하려면 어쩔 수 없기도 하지.

😊 먹이를 차지하기 위한 치열한 달리기 시합이네. 우리 사람들이 하는 달리기 시합이랑 분위기가 완전히 달라.

🐟 그렇지. 살려면 열심히 뛰어야 하는 셈이야.

😊 그럼 새끼 펭귄들은 얼마나 유치원에 다녀야 혼자 사냥을 하러 다닐 수 있는 거야?

🐟 보통 한 달 정도 유치원 생활을 하면 털갈이를 하면서 뽀송뽀송한 솜털이 벗겨지고 어른 깃이 나와. 그때부터는 물에 대한 적응 훈련을 시작해. 처음에는 주로 얕은 물에 들어가 수영 연습을 하다가, 점점 깊은 바다로 들어가지. 이때도 포식자

인 바다표범이나 범고래들을 조심해야 돼. 그 동물들도 먹고 사느라 펭귄을 잡아먹을 기회를 항상 노리고 있거든. 완전히 스스로 사냥을 할 수 있을 때까지는 100일 정도 걸린다고 보면 돼. 하지만 그렇게까지 살아남는 펭귄은 많지 않아.

🧑 다들 펭귄을 못 잡아먹어서 안달이라 그렇구나.

🐟 천적이 많아서도 그렇지만, 영양 상태나 날씨도 큰 영향을 끼쳐. 부모가 아무리 먹이를 열심히 가져와도 새끼가 자라는 데 필요한 영양분을 채우지 못할 경우도 있고, 남극의 날씨는 변화무쌍하거든. 갑자기 기온이 많이 떨어지거나 눈비가 반복적으로 내리면 체온 유지에 실패한 새끼들은 죽게 돼. 그래도 이런 역경을 헤치고 살아남은 펭귄들은 아름다운 남극해를 헤엄치고, 멋진 유빙[1]에서 휴식도 취하다가 2년 정도 지나면 자기가 태어났던 곳으로 다시 돌아와. 거기서 짝을 찾고 새끼도 낳는 거야.

🧑 야생동물의 일생은 아름답지만 고달프기도 한 것 같아. 조류들은 일부일처제[2]를 유지한다고 들었는데, 펭귄들도 그렇지?

---

1 물에 떠다니는 얼음으로, 바람이나 조류에 의해 움직입니다.
2 일부일처제란 암컷과 수컷이 한 번 쌍을 맺으면 평생 함께 하는 것을 말합니다.

펭귄의 경우 일부일처제의 비율이 상당히 낮다고 해. 펭귄 부부가 키운 알이 잘 부화하여 번식에 성공하면 다음 해에 이혼율이 낮지만, 번식에 실패한 쌍은 다음 해에 새로운 짝을 찾는다고 해. 종마다 다르기도 해서 황제펭귄과 임금펭귄의 이혼율은 때에 따라서 80% 이상으로 높게 나타난 적도 있지만, 갈라파고스펭귄의 경우는 약 10% 정도로 상당히 낮아. 험난한 세상에서 종족을 번식시키기 위한 노력이라고 봐야 해.

펭귄에 대한 착각

착각 1. 펭귄은 남극에만 산다?

펭귄은 남극을 상징하는 대표종으로, 검은 등에 흰색 배를 가진 펭귄은 꼭 턱시도를 입고 있는 것 같아 '남극의 신사'라고도 불리죠. 그런데, 사실 펭귄 18종 중 남극권(남극 주변 섬과 해역 포함)에 사는 펭귄은 단 7종류 뿐이랍니다. 그중 황제펭귄만 눈 위에서 번식을 하고, 임금펭귄, 젠투펭귄, 아델리펭귄, 턱끈펭귄, 마카로니펭귄, 바위뛰기펭귄은 봄에 눈이 녹고 땅이 드러나는 곳에서 번식을 시작해요. 아프리카펭귄 등 나머지 11종은 수온 10~20도 정도의 따뜻한 온대 지방에서 살지요. 제일 작은 펭귄인 블루펭귄은 호주와 뉴질랜드에서 발견되는데, 풀숲이나 바위 사이에 둥지를 품어요.

남극에만 펭귄이 사는 건 아니다. 사진은 풀 속 둥지로 들어가려는 리틀펭귄. 파란 털을 가지고 있어서 블루펭귄이라고도 불린다(출처: 김유나).

바위 틈 속에 둥지를 튼 리틀펭귄(출처: 김유나).

착각 2. 펭귄은 순하다?

짧은 다리에 뒤뚱뒤뚱 걷는 모습이 귀여운 펭귄은 종종 순한 동물로 생각될 수 있어요. 하지만 원하는 짝을 얻기 위해, 암컷 한 마리를 두고 수컷 두 마리가 피가 날 때까지 싸우기도 해요. 싸울 때는 날개를 퍼덕이며 힘을 과시하기도 하고, 부리로 쪼기도 하지요. 게다가 도둑질하는 펭귄도 있어요. 잘 만들어진 옆집 둥지에 가서 몰래 돌을 뺏어다 자기 둥지에 갖다 놓는 못된 짓을 하는 펭귄들이 종종 관찰돼요.

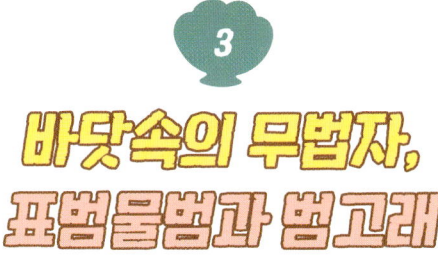

3 바닷속의 무법자, 표범물범과 범고래

🐟 그럼 이번엔 펭귄 사냥꾼, 표범물범을 소개할게. 지금은 빙하 위에서 느긋하게 잠을 자고 있네.

👧 표범같이 점박이 무늬가 있어서 표범물범이라고 불리는구나.

🐟 응. 얼룩무늬물범이라고 불리기도 하는데, 사냥하는 모습이 마치 표범처럼 날쌔고 용맹해서 표범물범이라는 이름이 어울리지.

👧 자고 있는 모습만 보면 마냥 귀여운걸? 뱃살이 출렁거리는 게 꼭 우리 아빠 같아.

🐟 사람들은 저 표범물범의 귀여운 얼굴과 동그란 몸을 보고 심장이 녹는다고 표현하더라고? 하지만 저 귀여운 얼굴 안에 표범처럼 뾰족한 이빨이 있어. 송곳니는 2.5cm 정도로 길어서 한 번 문 대상을 쉽게 놓치지 않지. 표범물범은 펭귄을 사냥하기 위해 얼음 밑에 숨어 있다가, 펭귄이 물속으로 들어왔을

때 공격해. 먼저 발을 물고, 펭귄을 마구잡이로 흔들면서 수면 위로 펭귄을 내리친 후에 거의 씹지 않고 그대로 삼켜 버리지.

🧒 저렇게 귀여운 얼굴로 펭귄을 삼켜 버린다고? 나 갑자기 표범물범이 무서워졌어.

🐟 무서워할 필요는 없어. 그게 다 자연에서 동물들이 살아가는 방식이니까. 펭귄뿐만 아니라 다른 바다표범, 바다사자, 물개, 물범 등의 새끼도 주로 잡아 먹지. 표범물범의 머리는 다른 물범들과 비교했을 때 상대적으로 엄청 커. 저 큰 턱으로 먹이를 한 번 물면 놓지 않는 거야.

🧒 표범물범은 앞발도 엄청 크네.

🐟 많은 해양 생물을 보다 보니 관찰력이 많이 좋아졌는걸? 보통 다른 물범들은 지느러미 형태의 앞발이 짧은데, 표범물범의 앞지느러미는 상당히 큰 편이야. 큰 지느러미는 물속에서 빠르게 방향을 바꾸며 헤엄칠 수 있도록 도와주지. 몸도 크지만 유선형으로 길고 날씬하게 빠져서 펭귄처럼 빠르게 수영하는 먹잇감을 노릴 수 있는 거야.

🧒 물속에서는 성날 낭해낼 자가 없겠다.

뾰족한 이빨과 큰 턱으로
먹이사냥을 하는 표범물범
(출처: 고영욱)

기각류란?

바다코끼리, 물범, 물개를 포함하는 해양 포유류를 기각류라고 해요.

바다코끼리

바다코끼리류에는 바다코끼리라고 불리는 종 하나밖에 없어요. 코끼리 상아처럼 긴 엄니가 있어서 붙은 이름이에요. 이 엄니의 길이가 길수록 서열이 더 높아요.

코끼리 상아처럼 긴 엄니가 있는 바다코끼리(출처: 위키미디어)

물범

물범은 외부로 노출된 귀가 없고, 앞다리가 짧아 몸을 세울 수 없기 때문에 육지에서 누워 있거나 이동할 때는, 뒷다리가 짧아 배를 끌며 움직여요.

코끼리물범은 바다코끼리와 다르게 물범류에 속해요. 성숙한 수컷이 코끼리처럼 큰 코를 가지고 있기 때문에 붙은 이름이랍니다. 수컷들은 번식기에 코를 부풀려서 암컷을 유혹해요. 수컷 코끼리물범은 기각류 중에서 몸집이 제일 큽니다.

웨델물범(출처: 고영욱)   코가 큰 코끼리물범(출처: 김유나)

물개

물개는 외부로 노출된 귀가 있고, 앞다리로 몸을 세울 수 있어요. 또 크고 유연한 뒷다리로 육지에서 잘 움직일 수 있어요.

남극물개가 앞지느러미로 몸을 받치고 있다. 물개류는 귓바퀴가 잘 보인다(출처: 김유나).

🐟 표범물범을 노리는 동물이 딱 하나 있어. 바로 범고래!

🙂 아하! 생김새와 달리 굉장히 난폭하고 사냥을 즐기는 고래라고 배웠어!

🐟 맞아. 범고래는 해양 생태계의 최상위 포식자야. 물범뿐만 아니라, 펭귄, 대형 고래, 심지어는 상어까지 노려. 사실 물범이나 범고래는 물속에서는 빠르게 움직일 수 있지만 육지로 올라오면 움직임이 형편없어. 특히 범고래는 육지로 올라오게 되면, 폐가 몸무게를 버티지 못해서 짓눌려 숨을 쉴 수 없게 될 수도 있어. 그 위험을 무릅쓰고 물범이 육지에 있을 때 온몸을 던져서 물범을 낚아채는 사냥법을 쓰기도 해. 작은 유빙에서 쉬고 있는 펭귄이나 물범을 사냥하려고 할 때는 큰 몸으로 유빙을 들이받아 물속으로 빠뜨려서 잡기도 해. 굉장히 고도화된 사냥 방법이지.

🙂 정말 똑똑한데?

🐟 범고래는 거대한 몸을 가진 것을 빼면 별다른 무기가 없는 대신 높은 지능을 가지고 있고, 여럿이 협력해 사냥을 해. 그리고 새끼들에게도 그런 생존 방법을 가르쳐서 종족을 계속 이어 나가는 거야. 범고래는 암컷이 무리를 지배하는 모계 사회 체제를 유지하는데, 여러 마리의 암컷이 공동 육아를 하

는 모습도 발견되었어. 수컷은 자라서 생식할 나이가 되면 다른 무리에서 짝을 만나고, 암컷은 생식할 나이가 되면 다른 무리에서 온 수컷을 만나 교배를 하지만 그 무리에서 계속 살아.

🧒 코끼리나 사자도 모계 사회를 유지한다고 배웠는데, 해양 생태계의 최상위에 있는 범고래도 모계 중심으로 살아가고 있구나. 나도 엄마 말씀을 잘 들어야겠다. 사실 지금도 아빠나 나나 엄마 말씀에 꼼짝 못하지만 말이야.

지능이 높고 사회성이 강한 범고래들은 암컷들을 중심으로 무리를 지어 협력하여 사냥한다 (출처: Julie Guiderdoni).

5장
깊은 어둠의 바다, 심해에는 생명의 기원이 있다

쇄빙선과 심해정을 만나는 행운!

🐟 남극이라 물도 차가우니, 잠깐 햇빛을 받으러 올라갈까? 저기 쇄빙선이 들어오네.

👧 쇄빙선은 극지방의 얼음을 다 부수고 다니는 멋진 배라 들었어. 눈앞에서 직접 보니 얼음을 깨부수고 들어오는 힘이 정말 센 걸?

🐟 얼음이 깨질 때의 충격이 크기 때문에 쇄빙선은 선체[1] 바깥에 선체가 한 겹 더 있는 이중선체 구조를 가지고 있어. 두 선체 사이에는 물탱크가 여러 개 있는데 뒤쪽 물탱크로 물을 보내면 뒤가 무거워져서 선박 앞쪽이 살짝 들리게 되지. 이때 전진하면 배의 앞쪽(선수)이 얼음 위로 올라가고, 다시 뒤쪽 물탱크의 물을 선수 쪽으로 보내면 얼음에 무게가 실려 부서지는 거야.

---

[1] 선박의 전체적인 몸 부분을 선체라 하고, 배의 앞쪽은 선수, 배위 뒤쪽은 선미라고 합니다.

🧒 시소처럼 올라갔다 내려갔다 하면서 얼음을 깨며 전진하는구나. 근데 선수의 밑부분이 아주 뾰족해.

🐟 마치 칼날 같지? 힘을 좁은 면적에 집중시켜서 얼음을 깨기 위한 구조야. 내가 바다 곳곳을 헤엄치며, 쇄빙선 뿐만 아니라 많은 배를 봐서 아는데, 배를 만드는 기술은 대한민국이 세계 최고야! 사실 배를 만들 수 있는 나라가 몇 개 되지 않는데 이렇게 큰 쇄빙선을 가진 나라는 진짜 드물지.

🧒 그렇구나. 한국 사람이라는 게 자랑스러워!

🐟 앗, 쇄빙선에서 잠수정이 내려오고 있어. 심해 탐험을 시작하려나 본데?

🧒 심해 탐험이라니 정말 멋진 걸? 저렇게 작은 잠수정으로 얼마나 깊이 들어갈 수 있는 거야?

🐟 현재까지 최고 기록은 11km 깊이까지 간 거야. 얼마나 깊이 들어가는 것도 중요하지만 얼마나 오랫동안 물속에 있을 수 있는지도 중요해. 여러 과학 기술이 동반되어야겠지만, 무엇보다 중요한 건 잠수정이 압력을 견딜 수 있도록 견고하게 만들어져야 한다는 점이지. 바다 깊이 들어갈수록 잠수정을 누르는 압력이 세지거든.

🧒 동그랗고 귀여운 잠수정이지만 아주 강하구나.

 보통 잠수정들이 원통형을 띠고 있는 이유는 심해에서 누르는 압력을 분산하기 위해서야. 잠수정은 밖의 압력과 내부의 압력이 같도록 압력 조절이 가능해야 하고, 물속에서 앞뒤로 왔다 갔다 할 수 있어야 할 뿐만 아니라, 위아래로 움직일 수 있도록 부력 조절이 가능해야 돼.

저 안에 사람이 들어 있다면 숨을 쉴 수 있도록 산소도 공급해 줘야겠네.

맞아. 저건 유인 잠수정이니까. 가까이에 가 볼까?

우와, 사람이 진짜로 타고 있어!

🐟 혹시라도 중요한 산소 공급에 방해될 수 있는 난방시설은 설치할 수 없어서 저 사람들이 털모자까지 쓰고 따뜻하게 입고 잠수정에 탄거야. 요새는 사람 없이 해저를 탐사하는 무인 잠수정도 있어. 무인 잠수정은 사람이 직접 들어가서 작업하기 위험한 일들을 원격 조정을 통해 하지.

👧 리모콘 자동차 같이 말이야?

🐟 응. 무인 잠수정이 선박에 연결되어 있어서 보내 주는 비디오 화면을 보고 선박에서 사람이 조정하는 원격 조정 수중 로봇도 있고, 무인 잠수정에 아예 미리 경로를 입력해서 자율적으로 탐색을 하는 자율 무인 잠수정도 있어.

👧 잠수정 개발에는 통신 기술도 매우 중요하겠다.

🐟 그럼. 유인 잠수정이든 무인 잠수정이든 실시간 통신이 가능해야 하고 위치 추적도 지속적으로 되야 하지.

👧 바다를 탐험하고 싶은 인간의 마음이 과학 기술을 발전시키고 있는 것 같아.

🐟 모든 연구와 발전은 관심과 호기심에서 시작하니까. 우리도 저 잠수정을 따라 바다 깊이 들어가 볼까? 어둠만이 가득한 심해 공간으로 말이야. 무서워서 오금이 저려도 참으라고!

대한민국에 단 한 척밖에 없는 쇄빙선 '아라온'호

아라온호는 우리 나라 최초의 쇄빙선이에요. 길이 110m, 폭 19m, 깊이 9.9m의 대형 쇄빙선으로, 무게는 7487톤이에요. 이는 세상에서 제일 큰 생물인 대왕고래 50마리의 무게와 맞먹는 무게로 1m 두께의 얼음을 깨부술 수 있답니다. 남극과 북극에서 연구를 할 수 있도록 물자 보급을 할 뿐만 아니라, 긴 시간을 이동하는 중에 많은 연구자들이 배 안에서 연구할 수 있도록 첨단 장비도 설치되어 있어요. 남북극 연구를 담당하는 극지연구소는 아라온호의 뒤를 이을 차세대 쇄빙연구선을 만들 계획이에요.

아라온호(출처: 김연태)

신기한 심해 생물을 만나 봐요

🧒 점점 어두워지고 있어. 좀 오싹한 걸?

🐟 수심이 깊어질수록 점점 더 많은 빛이 흡수되어서 어두워지는 거야. 심해라고 해도 수심 1000m 정도까지는 아주 적은 양의 빛이 들어오긴 하지만, 그 이상 깊은 곳으로 들어가면 어둠 속에서 생활한다고 봐야지. 완전히 어두워진 걸 보니 수심 1500m 정도에 도달한 거 같아.

🧒 햇빛이 여러 가지 방식으로 반사, 투과 또는 흡수되어서 다양한 색깔을 만들어 낸다고 아빠한테 배웠어. 그럼 빛이 없는 곳에서는 그런 시각 효과가 없겠네.

🐟 천만의 말씀! 햇빛이 들어오지 않는다면 빛을 직접 만들면 되지.

🧒 스스로 빛을 낸단 말이야?

🐟 생물이 자체적으로 빛을 내는 능력을 생물 발광이라고 해. 발광 세포 속의 두 가지 화학 물질, 루시페린과 루시페라아

제가 물속의 산소와 반응하는 산화 현상이 일어날 때 나오는 에너지가 빛에너지 형태로 나오지.

🧒 어? 저 빛은 뭐지? 빛을 내는 심해어인가봐? 가까이서 보고 싶은데, 점점 멀어지고 있네.

🐟 흑룡물고기야. 온몸에 발광 기관이 있는데, 빛을 점점 약하게 비추어 멀리 도망간 것처럼 천적이 착각하게 만드는 거야.

🧒 진짜. 그냥 여기 있었네! 작지만 엄청 흉악하게 생겼구나. 이빨도 굉장히 많고 날카롭고.

🐟 인간 기준으로 보면 흉악하다고 볼 수 있지만 다 이유가 있다고! 많은 심해어들은 큰 입 속에 많은 이빨이 나 있어. 심해에서는 먹잇감이 드물기 때문에, 간신히 만난 먹잇감을 놓치지 않기 위해서 그렇게 진화한 거야.

🧒 턱 아래에 턱수염 같이 난 것은 뭐야?

🐟 저게 먹이를 유인하기 위한 발광 기관이야. 어둠 속에서 빛나는 불빛에 이끌려 가까이 갔을 때 큰 입을 벌려 꿀꺽 삼키지. 그런데 오직 암컷만 이런 발광 기관을 가지고 있어.

흑룡물고기는 어두운 심해에서 발광 기관을 가지고 먹이 사냥을 한다. 먹이가 부족한 심해에서 큰 입을 벌리고 기다리다가, 빛에 유인된 먹이가 가까이 오면 입을 닫아 버린다. 뾰족하고 긴 이빨 사이에 먹이는 꼼짝없이 갇혀 버린다(출처: 위키미디어).

심해어라고 다 발광 기관을 가진 건 아니구나.

맞아. 그리고 발광 기관을 가진 생물이 꼭 스스로 빛을 낼 수 있는 것도 아니야. 초롱아귀라는 심해어는 스스로 빛을 만들어 낼 수는 없어. 대신 '에스카'라는 반짝이는 주머니가 머리 위에 달려 있어. 에스카에 생물 발광을 하는 박테리아들이 가득 담겨 있고, 이 박테리아들이 내는 빛을 이용해 먹이를 유인하는 거야.

빛을 내는 주머니가 초롱처럼 생겨서 초롱아귀라는 이름이 붙었구나. 초롱아귀의 입과 이빨도 다른 심해어들처럼 꽤 큰 걸.

🐟 맞아. 유연하면서 큰 입은 자기 몸집보다 더 큰 먹이를 삼킬 수 있어.

👧 발광을 이용해 천적으로부터 몸을 보호하기도 하고 먹이 사냥을 하기도 하고 신기하네.

🐟 그뿐만 아니라, 같은 아귀끼리 서로의 존재를 파악하는 데도 쓸 수 있지. 멀리서도 반짝이는 에스카 덕분에 짝을 찾을 수 있어. 초롱아귀에서도 담요문어처럼 성적 이형 현상이 나타나. 수컷이 암컷보다 훨씬 작고, 평생 암컷 몸에 붙어 살면서, 영양분을 얻고, 대신 짝짓기를 도와주어 종족 번식을 하는 데 기여하지. 이렇게 수컷이 거의 기생하듯이 살아가는 경우는 동물 세계에서도 상당히 드물어 학자들도 흥미롭게 연구하는 사례야.

👧 알수록 신기한 해양 생물들이 바다 깊은 곳에 숨어 있구나.

🐟 맞아. 불빛을 자유자재로 다루는 마법사 같은 존재가 또 있지. 심해 오징어의 경우 수컷과 암컷 사이에 빛을 내면서 서로 좋아하는 감정을 표현할 수도 있고, 같은 수컷끼리는 경고하는 빛을 내기도 한대. 어떤 오징어는 먹잇감을 놀래키기 위해 갑자기 강한 빛을 내기도 하고, 몸빛을 바꿔서 포식자에게서 몸을 숨기기도 하지.

초롱아귀는 머리 위에 달린 에스카라는 기관에 발광 박테리아를 넣고 다닌다. 발광 박테리아에게 살 곳을 내 주고, 발광 박테리아는 빛을 내어 초롱아귀가 먹이 사냥을 할 수 있도록 도와준다(출처: 위키미디어).

빛이 없는 곳에서 사는 심해 생물들이 정말 다양한 용도로 빛을 사용하는구나. 오랜 시간 살아오면서 생존할 방법을 만들었다니, 정말 신기해!

신기하지? 다 나름의 생존 방식을 가지고 진화한 결과야. 빛이 부족한 곳에서 최대한 빛을 담기 위해 눈이 아주 크게 발달하거나, 여러 쌍의 눈을 가진 생물도 있어. 그중에는 깊은 바닷속의 압력을 견디지 못하고 눈이 튀어나와 버린 생물도 있고 말이지. 한편 어두운 곳에서 보는 것을 포기해 버려서 눈이 퇴화된 생물도 있어.

🧒 눈 없이 산다고? 그럼 어떻게 먹이를 찾아?

🐟 저기 세다리물고기를 봐. 눈은 퇴화되어 버렸지만, 흐르는 조류의 맞은편에 서서 기다리다가 작은 갑각류나 동물 플랑크톤이 흘러오면 가슴지느러미를 이용해 물의 진동을 감지해서 먹이를 삼키지. 심해에서 먹이 사냥을 하는 일은 흔치 않기 때문에 에너지 소비를 최소화하기 위해 거의 움직이지 않거나 아주 천천히 유영한다고 해. 눈을 포기한 대신 다른 생존 방법을 찾은 셈이지! 저 특이하게 생긴 지느러미를 볼래?

🧒 긴 지느러미를 고정해서 바닥에 서 있네.

🐟 세다리물고기는 부레가 없어 부양 능력이 없지만, 대신

세다리물고기(학명:*Bathypterois grullator*, 세발치라고도 불린). 마치 바닷속을 걷고 있는 것처럼 보인다(출처: 미국 국립해양대기국).

지느러미로 바닥을 살짝 밀어 내며 추진력을 얻어 이동해.

심해 생물들에 대해 배우다 보니 이제 진짜 바다 밑바닥까지 내려왔네. 밖에서 본 바다도 정말 끝도 없이 넓어 보였는데, 바닷속도 이렇게 깊은 줄 몰랐어.

바다는 지구 표면의 70% 이상을 차지하는데, 지금까지 사람들이 발견한 바다 생물의 수는 지구에서 발견한 종의 단 15% 정도야. 발견된 바다 생물 중에서도 거의 90%의 생물은 얕은 바다에서 발견한 거지. 사람들은 심해 생물에 대해서는 아직도 모르는 게 많아. 한 번 심해 탐사를 할 때마다 새로운 종을 발견했다고 말할 정도니까. 마크 코스텔로(Mark Costello)라는 해양 생물학자는 이 어둡고 차가운 심해를 "오랜 시간 문이 닫혀 있는 냉장고"라고 말했대! 직접 심해를 탐사하니까 공감이 가지?

우린 이제서야 그 냉장고 문을 연 것과 같은 거네? 앞으로 더 발견할 심해 생물은 어떤 걸지 기대돼!

대부분의 해양 생물학자들도 제대로 탐험하지 못한 심해를 넌 지금 제대로 탐험하고 있는 거야. 다랑어를 타고 탐사를 하는 사람은 너가 최초일 걸? 후후.

3
생명의 기원지, 바다

🧒 오랜 시간 깊은 곳에 있다 보니 너무 춥다. 심해는 이렇게 어둡고 춥기만 한 거야?

🐟 그럼 널 열수 분출공으로 데리고 가 줄게. 열수 분출공은 바닷속 온천이지.

🧒 열수 분출공이라면 뜨거운 물이 분출되는 구멍이라는 뜻 같은데…. 저기 굴뚝 같은 곳에서 검은 연기가 피어 나오는 걸?

🐟 저 굴뚝이 만들어지는 원리를 말해 줄게. 일단 해저 지각의 갈라진 틈 사이로 바닷물이 스며들어. 그럼 해저 지각 밑의 마그마에 의해 물이 데워지면서 주변 암석의 금속 성분들과 섞이게 되지. 그 물이 열수구를 통해 다시 나와서 차가운 바닷물과 만나면, 금속 성분이 열수구 주위에 굴뚝 모양으로 쌓이게 되는 거야.

🧒 그럼 저 연기는 뭐야?

🐟 연기 같지만 아주 뜨거운 물이 솟아나오고 있는 거야. 검

은색을 띠는 이유는 황산철 같이 어두운 색을 띠는 원소들이 포함되어 있기 때문이지. 온도가 좀 낮은 열수가 나오는 지역에는 바륨, 칼슘 또는 실리콘 같은 밝은 색을 띠는 원소들이 포함되어 있어서 흰색을 띠기도 해.

🧒 갑자기 확 더워졌어. 물 안에 있지만 땀이 나는 거 같아. 온도가 어느 정도야?

🐟 검은 물을 뿜는 열수 분출공은 무려 350~400도! 흰 물을 뿜는 열수 분출공은 270도 정도래. 너무 가까이 가면 화상을 입을지도 몰라.

🧒 물은 원래 100도에서 끓어서 수증기로 변하는 거 아니야?

블랙스모커(Black smoker)라 불리는 열수 분출공(왼쪽, 출처: 위키미디어)은 고온의 열수가 나오고, 미온의 열수가 나오는 열수 분출공(오른쪽, 출처: 미국 국립해양대기국)은 화이트스모커(White smoker)라 불린다.

🐟 시언이도 잘 알고 있구나. 그렇지만 그건 지상에서, 즉 1기압일 때 그런 거야. 열수 분출공이 있는 수심 2,000~3,000m에서는 200~300기압이기 때문에 높은 온도에서도 수증기로 변하지 않는 거야.

👧 아하, 기압에 따라 물의 끓는 점이 달라지는구나. 그런데 여기는 뭐야? 꽃 같이 피어난 것들이 있어. 설마 이렇게 뜨거운 온도에서 생명이 살고 있는 거야?

🐟 리프티아라는 관벌레야. 심해에는 빛이 없기 때문에 광합성을 하는 식물이 살 수 없어. 리프티아의 꽃같이 붉은색의 깃털 구조는 이산화탄소와 산소, 그리고 황화수소를 서로 교환

리프티아는 열수 분출공 주변에 사는 대형 관벌레인데, 키가 무려 2m 넘게 자랄 수 있다. 입도 장도 없는 이 관벌레는 심해 분출공 주변에 서식하는 세균들에게 황화수소를 공급하는 아주 중요한 역할을 하여, 지구 생명체 탄생의 열쇠이다(출처: 미국 국립해양대기국).

하여, 황화수소를 박테리아에 공급해 주는 역할을 해. 황화수소박테리아는 황화수소를 흡수한 후 화학 합성해서 탄수화물을 만드는 생물이야.

🧒 식물이 산소를 공급하듯, 리프티아가 황화수소를 내뿜고, 생물들이 탄수화물을 에너지로 얻듯이, 심해 생물은 황화수소를 이용해서 에너지를 얻는 거란 말이지?

🐟 어려운 개념을 잘 이해했구나? 햇빛이 없고, 수압은 높고, 황화수소로 가득 찬 열수 분출공 주변의 생태계는 생명체가 지구상에 처음 탄생했을 때의 척박한 환경과 비슷해. 때문에 지구 생명체 탄생의 열쇠를 열수 분출공 연구를 통해 찾아 내려는 연구자들이 많아.

🧒 생명체가 바다에서 시작해서 육지로 진화했다고 들었는데, 바닷속에서도 바로 이 열수 분출공에서 시작했을 거라는 얘기구나.

🐟 지구의 나이는 약 46억 살이야. 그중 35억 년 전에 남세균이라는 단세포 미생물이 처음으로 광합성을 통해 산소를 만들어 냈어. 그러다 산소 대폭발 사건(대산화사건)이 일어나지! 남세균이 바다 가득 번성하면서 바닷속을 가득 채운 산소가 대기로 나가게 되고, 지구를 산소의 행성으로 만든 거야. 그래서 산

소 호흡을 하는 생명체도 생길 수 있었던 거고. 우리도 만들어질 수 있었던 거지. 따지고 보면 너와 나는 조상이 같은 셈이야.

🧒 눈에 보이지도 않는 단세포 생물이 지구를 산소의 행성으로 만들고 생명체를 탄생시켰다니, 놀랍다.

🐟 남세균은 이렇게 진화의 선구자였지만, 이런 남세균에 의해서 생겨난 생물들 중 고둥 같은 동물은 오히려 남세균을 먹어 치웠기 때문에 캄브리아기 이후로 남세균은 많이 줄게 됐어. 그래도 이 남세균들은 자신들의 흔적을 스트로마톨라이트라는 화석을 통해 남겼지.

🧒 그 화석은 어떻게 만들어진 거야?

🐟 남세균은 끈끈한 점액질로 둘러 쌓여 있어. 점액질 때문에 물속에 떠다니던 모래나 진흙 입자가 달라붙어서, 남세균들이 자란 위로 퇴적물들이 쌓이는 거야. 그 위로 또 층층이 남세균들이 자라고, 이걸 반복하면서 스트로마톨라이트라는 퇴적암을 만든 거야.

🧒 그럼 지금은 남세균을 화석으로만 볼 수 있는 거야?

🐟 자~ 여기는 호수 서부의 샤크만이라는 곳이야. 1956년, 지질학자들이 스트로마톨라이트를 만드는 남세균을 발견했어. 이곳은 암석으로 가로막혀 있고 건조해서 다른 동물들이

살 수 없을 정도로 바닷물이 짜. 마셔 볼래?

우엑! 완전 소금탕이네? 이런 곳에서 남세균은 35억 년 이상 꿋꿋이 살아남았단 말이야? 남세균 앞에 머리가 절로 숙여지는 걸?

호주의 서부, 샤크 만에는 시아노박테리아라고도 불리는 남세균들에 의해 만들어진 스트로마톨라이트라는 살아있는 화석이 넓게 분포한다(출처: 셔터스톡).

위기에 처한 열수 분출공 인근 생명체들

전 세계적으로 코발트, 니켈 등 20여 종의 광물 자원이 심해에서 활발히 채굴되고 있어요. 특히 전기 자동차의 배터리를 만들기 위해 코발트와 구리, 니켈 등을 심해 채굴을 통해 공급하려는 계획이 실행되고 있죠. 문제는 심해 채굴과 관련된 국제적인 규제가 아직 마련되지 않았다는 거예요.

심해 채굴은 해저면을 잘라내고, 수백 킬로미터에 달하는 지역의 심해 서식지를 파괴하며, 기계를 작동할 때 생기는 소음이 고래같이 음파를 이용해 소통하고 먹이를 찾는 해양 포유류에게 해를 끼쳐요. 또한 심해에 채굴을 위한 조명을 사용하게 되면, 빛이 없는 곳에 적응한 해양 생물들에게 부정적인 영향을 끼칠 수 있으며, 채굴 작업을 위한 선박 또한 바다에 독성 증기를 배출해요.

특히 열수 분출공 주변에서만 살 수 있는 해양 생물은 멸종 위험을 겪고 있을 것으로 예상되고 있어요. 현재까지 밝혀진 열수 분출공 근처의 연체 동물 184종 중 62%가 멸종 위기에 처한 종으로 분류되었어요. 우리가 심해를 보호하지 않는다면 아직 발견하지도 못한 생물종과 생태계가 파괴될지도 몰라요.

현재 국제해저기구(International Seabed Authority)는 심해 채굴로 발생하는 환경 파괴를 줄이기 위한 지침안을 마련하였으며, 많은 환경 단체들이 해양 보호 캠페인을 통해 심해를 보호하려고 해요. 우리도 관심을 가지고 심해 보호를 위해 노력하면 어떨까요?

6장
지구의 미래를 위해 바다를 연구하고 보전해요!

날마다 발전하는 바다 탐험 기술

🎩 시언아. 이제 그만 일어나라. 이제 그만 집으로 돌아가야겠어.

👦 아빠? 어? 투니는 어디로 갔어요?

🎩 투니라니…? 아~ 투나? 다랑어 말이지? 왜 평소에는 다랑어라고 말하다가 갑자기 Tuna라고 영어로 말하니? 그게 말이야, 다랑어는커녕 멸치 새끼 한 마리 못 잡았지 뭐냐?

👦 다랑어는 맞는데, 내 친구 투니 말이에요.

🎩 배 멀미약을 먹고 자더니 꿈을 꿨나 보구나. 어쨌든 이제 배를 돌려 집으로 가자.

👦 정말 꿈이었나…? 꿈이 아니었어요, 아빠. 투니를 타고 태평양을 종횡하고, 많은 바다 친구들을 만나고, 심해에도 들렸다 왔다고요!

🎩 정말 생생한 꿈을 꿨나 보구나. 어쩐지 계속 깨워도 잘 일어나지 않더라. 하지만 시언이는 계속 잠을 자고 있었단다.

🧒 아닌데…. 이상하네. 아빠, 우리 이제 집에 가요. 그리고 저 다시는 낚시를 안 할 거예요.

👨 한 마리도 못 잡아서 실망했니?

🧒 아빠, 지금 무분별한 어획으로 많은 어류들이 멸종 위기에 처했단 사실 알고 계신가요? 특히 다랑어는 심각한 멸종 위기에 놓인 종들도 있다구요. 낚시 말고 다른 방법으로 바다를 즐겨 봐요.

👨 아니 얘가 자고 일어나더니 갑자기 왜 이래? 다른 사람처럼? 물론 다른 방법으로 바다를 즐길 순 있지. 스쿠버다이빙이라고 들어 봤니?

🧒 수중 호흡기를 끼고 잠수해서 바닷속을 구경하는 거 말이죠? 저도 꼭 해 보고 싶어요. 아직 만나 보지 못한 해양 생물이 너무 많아요.

👨 그래. 바다는 여전히 우리가 잘 알지 못하는 미지의 세계지. 그렇지만 언젠가 우리도 잠수정을 타고 갈 수 없는 심해에도 가 볼 수 있는 날이 오지 않겠니?

🧒 지금도 전 세계 과학자들이 높은 압력에도 견딜 수 있는 잠수정을 만들기 위해 머리를 맞대고 있을걸요? 무인 잠수정으로 원격 탐사도 활발하게 하고 있거든요.

🧑 이 녀석 갑자기 똑똑해진 느낌이네? 그래. 무인 잠수정 중 하나라 할 수 있는 수중 드론도 많이 발전했지.

👦 하늘을 나는 드론이 아니라 물속을 누비는 수중 드론도 있어요?

🧑 수중 드론은 와이파이가 장착된 물에 뜨는 통신장비와 케이블로 연결되어 있어. 이 세트를 물에 띄우고, 우린 조종기로 드론을 원하는 위치에서 물속으로 내려보내 바닷속을 탐사할 수 있는 거지. 이런 수중 드론은 조용해야 되는 게 핵심이야.

👦 수중 드론이 시끄럽게 기계음을 내면서 돌아다니면, 물고기들이 무서워서 다 도망가 버릴 테니까요.

🧑 우리나라에서는 수중 드론을 이용해 바다 숲을 관리하기도 하고, 수중에서의 실종자 탐색에도 활용하고 있단다. 그리고 수중 드론뿐만 아니라, 하늘과 바다를 자유롭게 탐험할 수 있는 수공양 드론도 개발했지.

👦 바다 위를 날아다니다가 물속으로도 들어갈 수 있는 드론인가요?

🧑 보통은 해양 관측용 인공위성이 보내주는 이미지로 적조 현상이 발생한 지역이나 기름이 유출된 지역 등을 알아낼 수 있는데, 먼 곳에서 촬영이 되다 보니 위성 관측이 용이하지 않

은 지역도 있거든. 이럴 때, 수공양 드론을 날린 다음 물속 환경도 살펴볼 수 있는 거지.

 우주를 비행하는 인공위성이 바다를 관측하는 데 이용되는지 몰랐어요.

 인공위성을 통해서는 해수면 사이의 거리와 해수면의 높이, 해수면 표면의 플랑크톤이나 무기물질의 분포도까지 알 수 있단다. 우리나라는 2010년에 해양 관측 위성인 천리안 1호를 발사했고, 2020년에는 천리한 2호를 발사했지. 이 인공위성들은 한반도 주변의 해양 생태계를 모니터링하고 있단다.

 저 멀리 우주에서의 바다 탐험이라니! 멋진 걸요?

바다 탐험을 하는 방법: 스쿠버다이빙과 다이빙 헬멧

스쿠버다이빙은 수중 호흡기를 메고, 부력 조절 조끼를 입고 잠수하는 방법이에요. 원래 잠수 장비는 군사 목적으로 개발되었는데, 현재는 레저 활동으로서 잠수를 하는 사람들이 많이 늘어났어요. 스쿠버다이빙의 잠수 가능 깊이는 최대 40미터예요.

한편 다이빙 헬멧은 표면의 공급 장치를 통해 산소를 공급받으면서 장시간 수중 작업을 할 때 이용하는 방법이에요. 원래는 화재 현장에서 쓰려고 개발한 장비랍니다. 옛날에는 구리로 만들어져서 매우 무거웠지만 점점 가볍고 작은 헬멧이 만들어지고 있어요. 우리나라에서는 다이빙 헬멧을 쓰고 해저 바닥을 걸어 다니면서 조개 등을 채취하기도 하는데, 이런 사람들을 머구리라고 불러요.

거북이는 바닷속에서 오랫동안 숨을 참을 수 있지만, 사람은 수중호흡기에 의존해야 오랜 시간 바닷속 탐험을 할 수 있다(출처: 김한나).

다이빙 헬멧을 쓰면 물속에서 오랫동안 작업할 수 있다. 하지만 장비가 무겁고 표면 공급장치와 연결된 줄 때문에 스쿠버다이빙처럼 자유롭게 움직일 수는 없다(출처: 김태호).

2
바다의 기원과 바다의 현재

🎩 사실 바다와 우주는 뗄래야 뗄 수 없는 관계야. 바다의 탄생을 알기 위해서는 원시 태양계를 이해해야 하거든.

👦 바다는 그럼 어떻게 만들어진 거예요?

🎩 지구는 태양 주변을 도는 행성 중 하나인 건 알지? 원시 태양의 복사열로 인해 방출된 가스가 지구 주위에 모여 대기를 형성했어. 당시 원시 지구는 뜨거웠기 때문에, 지구 표면 근처의 수증기는 데워져 상부로 올라가서 차가운 상부 대기층에서 구름이 만들어졌을 거야. 구름층이 식으면 수증기는 어떻게 될까?

👧 수증기가 다시 비가 되었나요?

🎩 정답! 방출되는 수증기는 물이 되어 떨어진 거지. 떨어진 물은 지구 표면에서 또다시 증발되어 구름이 되었다가 다시 비가 내리고, 이 현상이 오랜 시간 반복되었어. 그러다가 지구 표면이 점차 식으면서 떨어진 물이 낮은 곳으로 모여 들어, 지금으로부터 약 40억 년 전에 지금의 바다와 같은 모습이 만들어

진 거야. 그런데 바다의 물이 전부 지구에서만 생긴 건 아니야. 과학자들은 초기 지구에 떨어진 수많은 운석과 혜성 속에도 얼음이 들어 있었고, 그 물이 바다를 만드는데 일부 기여했을 거라고 보고 있어.

🧒 우리가 지금 보고 있는 바닷물의 일부는 우주 저 먼 곳에서 날아온 우주 여행자일 수 도 있다는 말씀이세요?

👩 그렇지. 그렇게 생각하면, 바다 속 물방울 하나에도 우주의 역사가 담겨 있는 셈이야.

🧒 그리고 약 35억 년 전, 바닷속 남세균의 광합성에 의해 생명체의 진화가 빠르게 진행되었고요!

👩 제법인걸? 바다를 생명의 모체라고 하는 것도 바로 그런 이유에서지. 지구가 생명을 가지고 있는 살아있는 별로서 취급되고 있는 것은 물이 존재하기 때문인데, 지구상의 물의 총량 중 약 94%가 바다에 채워져 있으니까. 해양의 표면에서 대기 중으로 증발한 물이 다시 비로 내리면서 끊임없이 순환하고, 기후를 만들고, 많은 생명이 살 수 있는 환경을 조성하지.

아빠가 해류에 대해 설명해 준 것 기억나니? 바다는 태양에서 받은 열을 흡수하고, 바닷속 해류가 그 열을 지구 곳곳으로 옮겨주면서 기후를 안정시키는 역할을 하지.

🧑 바다는 지구의 온도 조절 장치라고 할 수 있겠군요.

👩 하지만 지구온난화로 바닷물의 온도가 높아지면, 해류의 흐름이 약해지고, 기후가 크게 변할 수 있어. 극지의 빙하가 녹으면 해수면이 높아져 해안 도시들이 위험해지고, 산호초 같은 해양 생태계도 심각하게 위협 받게 되지.

🧑 이런 바다가 오염되고 있다고 생각하니 슬퍼요.

👩 해양 오염은 정말 심각한 문제야. 대규모 공장 단지에서 흘러나온 폐수에 의해 하천이 오염될 뿐만 아니라 바다로 흘러내려가 산소를 고갈시켜. 폐수 속 중금속은 바다의 플랑크톤에 축적되어 먹이 사슬을 타고 해양 생태계의 균형을 파괴시키기도 하지.

🧑 우리가 쓰는 플라스틱도 해양 생물에게 나쁜 영향을 끼치고 있어요. 그래서 전 이제부터 '플라스틱 제품 가능하면 안 쓰기' 운동을 할 거예요. 꼭 써야 한다면 재사용을 할 거고, 더 쓰지 못할 때는 재활용하기를 실천하려고요.

👩 자고 일어나더니 얘가 다른 사람이 됐네? 사실 세계의 인구는 매우 급속히 증가해서, 인구 증가에 따른 식량난을 해결할 수 있는 곳은 해양뿐이라고 보고 있단다. 지금까지는 어류를 중심으로 바다를 이용했지만, 앞으로 해조류와 플랑크톤도 해양 식량으로서 중요한 역할을 하게 될 거야.

아빠는 또 먹는 얘기군요!

 내가 그랬나? 하하!

바다 보호를 위해 실천해야 할 3R 운동

3R 운동이란 Reduce(절약하기), Reuse(재사용하기), Recycle(재활용하기)를 말해요. 플라스틱 오염을 막기 위해서 비닐봉지 대신 천 가방을 이용하고, 플라스틱 빨대 대신 종이 빨대를 사용하는 등 가능하면 플라스틱 제품을 사용하지 않는 방법(절약하기)을 먼저 실천할 수 있어야 해요. 만약 어쩔 수 없이 플라스틱 제품이나 비닐봉지를 썼다면 쓸 수 있을 때까지 계속 재사용하도록 노력(재사용하기)해야 해요.

더 이상 쓸 수 없을 때는 원래 목적 외에 다른 목적으로 물건을 사용할 수 있을지 생각해 봐야 해요. 예를 들면 아래 사진처럼 플라스틱 병뚜껑을 모아 예쁜 예술 작품을 만들 수 있겠죠? 마지막으로, 버려야 할 때는 분리수거를 하여 자원이 재활용될 수 있도록 해요(재활용하기).

부산 해운대 바닷가에 전시된 해양 보호 캠페인 예술 작품. 이 작품은 해운대 해변에서 주운 플라스틱 병뚜껑을 이용해 만든 예술 작품이다(출처: 김유나).

3
지구를 정화시킬 수 있는 바다의 미래 가치

🎩 플랑크톤 얘기가 나와서 말인데, 이 플랑크톤이 기후 변화의 주원인인 탄소를 줄이는 데 핵심적인 역할을 하게 될 수도 있어. 수심 200m 이내의 얕은 바다에서는 플랑크톤이 물속에 녹아 있는 탄소를 바다 생물의 먹이인 유기 탄소로 변환시키고, 호흡에 필요한 산소를 만들어. 플랑크톤을 잡아 먹는 해양 생물들은 탄소를 몸속에 저장시키거나 심해 퇴적물로 이동시킨단다. 이렇게 해양 생태계 작용으로 인해 탄소가 흡수되는 것을 블루카본[1]이라고 해.

👧 남극에 갔을 때 남극크릴이 플랑크톤을 잡아먹고, 고래는 남극크릴을 잡아먹는다고 배웠어요. 남극크릴과 고래가 수

---

[1] **블루카본**: 열대나 아열대 지역의 갯벌이나 하구의 소금기가 있는 지역에 형성되는 맹그로브숲이나 염습지 등에서 해양생태계가 흡수하는 탄소를 블루카본이라 합니다. 한국에서는 갯벌을 블루카본으로 인정받기 위해 과학자들이 적극적으로 나서고 있는데, 갯벌이 블루카본으로 인정받으면 기후 변화를 일으키는 온실가스를 줄이는 데 큰 역할을 할 것으로 보입니다.

직, 수평 방향으로 장거리 이동을 하면서 탄소를 순환시키는 거네요.

🙂 너가 남극에 갔을 때? 꿈에서겠지 허허. 어쨌든 이해를 잘했구나. 고래가 배설한 영양분은 다시 플랑크톤의 성장을 돕고, 그렇게 또 다시 탄소를 흡수하게 돼. 이게 바로 바닷속 탄소 순환 고리야. 그 외에도 다랑어류, 상어류 같은 해양 생물 또한 이동거리가 길고 심해까지 내려갈 수 있기 때문에 해양 탄소 순환에 중요한 역할을 한단다.

🙂 투니 같은 회유종들 말씀이시군요.

🙂 투니가 아니라 투나~ 아무튼 이런 해양 생물들이야말로 바다를 넓게 쓰는 탄소 운반자인 셈이지. 우리나라에서는 블루카본 프로젝트를 갯벌에서 시작하기로 했단다. 우리나라 갯벌은 세계 5대 갯벌로, 유네스코의 세계자연유산으로도 등재되어 있지. 갯벌에서는 연간 26만톤의 이산화탄소를 흡수한다고 해. 승용차 11만 대가 매년 배출하는 이산화탄소를 갯벌에서 흡수한다고 생각하면 이해가 되겠니?

🙂 우리나라 갯벌이요? 정말 대단한걸요? 갯벌을 잘 관리하고 복원해서, 탄소를 계속 흡수할 수 있도록 하고 갯벌의 생물다양성을 유지하는 게 중요할 것 같아요!

해양보호구역

많은 과학자들은 바다를 건강하게 보존하고 회복하기 위해서는 2030년까지 적어도 전 세계 바다의 30% 이상을 인간의 어업이나 심해 개발 같은 상업적 활동이 없는 해역으로 만들어야 한다고 주장해요. 현재 인간의 활동으로부터 보호받고 있는 바다는 전 세계 바다의 3% 정도밖에 안 돼요. 나머지 97%는 이미 병들었거나 병들 위험에 빠진 거죠. 2023년 3월, 마침내 글로벌 해양조약이 UN에서 합의되었고, 2030년까지 전 세계 바다의 30%를 해양보호구역으로 지정하기로 약속했답니다.

해양 보호 구역 안에서 수많은 해양 생물들의 생명을 살릴 수 있다고 생각해 보세요. 물론, 나머지 70%의 바다도 보호하려고 노력해야 할 거구요. 많은 환경 단체들이 해양 보호 구역 30X30 캠페인을 통해 바다를 보호하기 위한 약속을 실행으로 옮기기 위해 노력하고 있습니다. 여러분도 관심을 가지고 참여해 보면 어떨까요?

해양 보호 구역의 다양한 생물들(출처: Robert Harcourt).

🎩 그럼! 그동안 갯벌은 조개, 굴, 낙지 등 과같은 식량 자원을 공급하거나, 갯벌 체험과 같은 관광 자원으로만 생각했었어. 그런데 기후 변화 대응에 효과적인 탄소 흡수원으로 새롭게 주목받고 있는 거지. 이런 갯벌을 포함하여 넓은 바다를 지키기 위해서는 해양 보호 구역이 꼭 필요하단다.

👦 다른 곳들도 함부로 훼손하지 말고 보호해야겠어요. 잘못하면 바다에서 물고기를 한 마리도 보지 못할 거 같아요.

🎩 아빠가 오늘 물고기 한 마리 못 잡은 것은 내 실력 문제가 아니라 물고기가 정말 줄어든 것 같단 말이지. 옛날엔 진짜 물 반, 물고기 반이었는데…. 해양보호구역을 설정하면 그곳에서 물고기들이 많이 번식해서 다시 낚시를 잘할 수 있게 될지도 몰라.

👦 전 이제 낚시는 안 한다니까요. 앗, 아빠! 저기 좀 보세요!

🎩 아니, 여태 멸치 새끼 한 마리 안 보이더니, 어디서 저 많은 참치가….

👦 저 정말 투니를 만나고 왔다니까요! 투니야, 덕분에 너무 즐거웠어! 나도 바다를 사랑하고 보호하는 데 앞장설게!